药物化学实验教程

主　编　宋亚丽
副主编　陈保华
编　者（按姓名笔画排序）
　　　　李　婉　李龙飞　杨　侃
　　　　宋亚丽　陈保华

科学出版社
北　京

内 容 简 介

本实验教程包括药物化学实验须知、药物化学实验基本知识和技能、计算机辅助药物设计、药物合成实验四章共 21 个实验项目。

本教程基于 OBE 教学理念，在每个实验中列举了该实验训练的实验技能。实验操作过程以实验要点的形式给出，简洁清晰，便于学习者阅读。药物合成实验中还以表格的形式列出实验用到的主要反应物、催化剂、溶剂等试剂，学习者在做实验前需查阅其相应的理化性质并填写此表格，以熟悉所用试剂各方面情况，对实验进行预习。本教程进一步规范了实验教学，给出了实验报告的格式，供使用者课后撰写实验报告。

本教程适用对象为高等学校药学类专业学生。

图书在版编目（CIP）数据

药物化学实验教程 / 宋亚丽主编. —北京：科学出版社，2021.8
ISBN 978-7-03-069567-3

Ⅰ. ①药… Ⅱ. ①宋… Ⅲ. ①药物化学–化学实验–高等学校–教材 Ⅳ. ①R914-33

中国版本图书馆 CIP 数据核字（2021）第 158522 号

责任编辑：张天佐 / 责任校对：宁辉彩
责任印制：李 彤 / 封面设计：陈 敬

版权所有，违者必究。未经本社许可，数字图书馆不得使用

科学出版社 出版
北京东黄城根北街 16 号
邮政编码：100717
http://www.sciencep.com

北京建宏印刷有限公司 印刷
科学出版社发行 各地新华书店经销
*
2021 年 8 月第 一 版　开本：787×1092　1/16
2021 年 12 月第二次印刷　印张：4 1/4
字数：94 000
定价：25.00 元
（如有印装质量问题，我社负责调换）

前　言

药物化学是药学领域中的带头学科，也是新药研发的龙头学科。作为药学类各专业的主干课程，药物化学实验是药物化学的重要组成部分，其重要性不言而喻。药物化学实验课程旨在训练和培养学生药物化学实验操作能力，巩固药物合成与设计理论知识，使药物化学课中所学的重要理论和概念等知识得到验证、巩固和充实，并扩大应用的范围和方法。

近些年来，随着药物化学学科的快速发展，药物化学已从化学模式转变为生物学、化学、信息学等学科的综合模式。为了顺应学科发展和人才培养的需要，药物化学实验教学在内容的选择上，应该力求覆盖药物化学研究的主要方面，如分子模拟计算、定量构效关系计算、计算机辅助药物设计、药物合成、理化性质测定等相关内容。

结合药学类专业教学培养方案，以及多年的教学实践和经验，我们编写了《药物化学实验教程》。本教程主要内容包括四部分：

第一部分为药物化学实验须知，介绍了药物化学实验的一般注意事项、实验过程的安全及应急处理等。第二部分为药物化学实验基本知识和技能，介绍了药物化学实验常用仪器、装置及相关操作，并安排了 3 个基本操作技能实验。第三部分为计算机辅助药物设计，介绍了有机小分子模型的构建、结构及能量优化、ADMET 性质预测方法，蛋白质的结构及同源模建、分子对接等药物设计的基本知识，安排了 6 个实验使学生了解当前药物设计的基本方法和思路。第四部分为药物合成实验，共安排了 12 个常用药物的合成实验，可以使学生通过对有成熟工艺的某个药物生产全过程的实验室制备、药物性质的测定和质量检查，体会与人民健康息息相关的化学药物不同于一般有机化合物的特殊性，树立药品生产的经济观和质量观。为了使本教程更具实用性，在每个实验中分别列出了该实验应掌握的技能、实验要求及实验目标，并分步描述了实验操作过程。

本教程适用对象为高等院校药学类各专业学生，同时各院校可根据不同专业的具体需要，选择安排相应的实验项目。本教程的第一章和第二章由宋亚丽编写，第三章由杨侃、李龙飞编写，第四章由陈保华、李婉编写。

本教程在编写过程中得到了河北大学（药学院）有关领导的大力支持，在此表示感谢。本教程参考了同类教材某些实验内容，谨表谢意。由于自身水平有限，难免存在不足之处，恳请使用者予以批评指正，使教材再版时得以修订和完善。

编　者
2021 年 1 月

目 录

第一章 药物化学实验须知 1
一、实验须知 1
二、实验一般注意事项 1
三、实验室意外及应急处理预案 2
四、废弃物的销毁 3
五、实验的预习和实验记录 3
六、实验报告的格式 3

第二章 药物化学实验基本知识和技能 4
一、药物化学实验基本知识 4
二、药物化学实验基本技能训练 16
    实验一 乙酰苯胺的重结晶及熔点测量 16
    实验二 3-羟基苯甲酸乙酯的萃取 18
    实验三 柱色谱法分离荧光黄 20

第三章 计算机辅助药物设计 22
    实验一 Gaussian 的分子优化 22
    实验二 有机小分子的构建、构象搜索与能量优化 24
    实验三 化学小分子 ADMET 性质预测 26
    实验四 蛋白质的立体结构 27
    实验五 蛋白质同源模建 30
    实验六 分子对接 32

第四章 药物合成实验 35
    实验一 苯妥英钠的合成 35
    实验二 巴比妥的合成 37
    实验三 阿司匹林的合成 40
    实验四 扑热息痛的合成 42
    实验五 贝诺酯的合成 44
    实验六 磺胺醋酰钠的合成 46
    实验七 磺胺嘧啶银与磺胺嘧啶锌的合成 48
    实验八 尼群地平的合成 50
    实验九 硝苯地平的合成 53
    实验十 盐酸普鲁卡因的合成 55
    实验十一 巴柳氮钠的合成 58
    实验十二 苦杏仁酸的合成 60

第一章　药物化学实验须知

一、实验须知

药物化学和有机化学一样是一门实践性很强的学科，因此，在进入实验室工作之前，希望参加实验者必须阅读本书第一章药物化学实验须知。在进行每个实验之前还必须认真预习有关实验课程的内容，明确实验的目的和要求，了解实验的基本原理、内容和方法，写好实验预习报告，知道所用药品和试剂的毒性以及其他理化性质，牢记实验操作中的注意事项。

在实验过程中应养成细心观察和及时记录的良好习惯，凡实验所用药品和试剂的质量、体积以及观察到的现象和温度等所有数据，都应立即如实地填写在记录本中。记录本应按顺序编号，不得撕页缺号。实验完成后，应计算产率。然后将记录本和盛有产物、贴好标签的样品瓶交给教师核查。

实验台面应该保持清洁和干燥，不是立即要用的仪器，应保存在实验柜内。需要放在台面上待用的仪器，也应放得整齐有序。使用过的仪器应及时洗净。所有废弃的固体、滤纸和有机溶剂等应分类别放入相应的废物缸内，绝不能丢入水槽或下水道，以免堵塞或腐蚀管道。有异臭、刺激或有毒物质的操作必须在通风橱内进行。

为了保证实验的顺利进行和培养良好的实验习惯，必须遵守下列实验室规则。

1. 实验前做好一切准备工作，实验中要穿好实验服，佩戴手套、口罩及护目镜。
2. 实验中应保持安静和遵守秩序。实验进行时思想要集中，操作要认真，不得擅自离开，要安排好时间，按时结束。实验结束后，记录本须经教师核查。
3. 遵从教师的指导，注意安全，严格按照操作规程和实验步骤进行实验。发生意外事故时要镇静，及时采取应急措施，并立即报告指导教师。
4. 保持实验室整洁。实验时做到桌面、地面、水槽、仪器四净。实验完毕后应把实验台整理干净，关闭所用水源、电源。
5. 爱护公物。公用仪器及药品用后立即归还原处。节约水、电及消耗性药品，严格控制药品用量。
6. 轮流值日。值日生的职责为整理公用仪器，打扫实验室，清倒废物缸，并协助实验室管理人员检查和关好水源、电源及门窗。

二、实验一般注意事项

1. 实验前须做好预习，了解实验所用药品、试剂及溶剂的性能、危害和注意事项。
2. 实验开始前应检查仪器是否完整无损，装置是否正确稳妥。蒸馏、回流和加热用仪器，一定要和大气接通或与大气相接处套上一个气球，液体蒸馏、回流时要放置磁力搅拌子搅拌或放置沸石，以防爆沸。
3. 实验进行时应该经常注意仪器有无漏气、破裂，反应进行是否正常等情况。
4. 易燃、易挥发物品，不得放在敞口容器中加热。

5. 实验中所用药品,不得随意散失、遗弃。对反应中产生有害气体的实验,应按规定处理,以免污染环境,影响身体健康。

6. 实验结束后要及时洗手,严禁在实验室内吸烟、喝水或吃食物。

7. 要熟悉安全用具如灭火器、砂桶、灭火毯以及急救箱的放置地点和使用方法,并妥善保管。安全用具及急救药品不准移作他用,或挪动存放位置。

三、实验室意外及应急处理预案

(一)眼睛安全防护

在实验室中,眼睛是最容易受到伤害的。飞溅出的腐蚀性化学药品和化学试剂,进入眼睛会引起灼伤和烧伤;在操作过程中,溅出的碎玻璃片或某些固体颗粒,也会使眼睛受到伤害。为了安全起见,在实验中务必佩戴护目镜。

倘若有化学药品或酸、碱液溅入眼睛,应立即用大量的清水冲洗眼睛和脸部,并尽快到最近的医院进行治疗。若有固体颗粒或碎玻璃碴进入眼睛内,请切记不要揉眼睛,并急送医院进行诊治。

(二)预防火灾

有机药物合成实验室中,由于经常使用挥发性的、易燃性的各种有机试剂或溶剂,最容易发生的危险就是火灾。因此在实验中应严格遵守实验室的各项规章制度,预防火灾的发生。

在实验室内禁止吸烟。实验室中使用明火时应考虑周围的环境,如周围有人使用易燃、易爆溶剂时,应禁用明火。

一旦发生火灾,不要惊慌,须迅速切断电源、熄灭火源,并移开易燃物品,就近寻找灭火的器材,扑灭着火点。如容器中少量溶剂起火,可用石棉网、湿抹布或玻璃盖住容器口,扑灭着火点;其他着火点,采用灭火器或灭火毯进行扑灭,并立即报告有关部门或拨打"119"火警电话报警。

在实验中,万一衣服着火了,切勿奔跑,否则火借风势会越烧越烈,可就近找到灭火喷淋器或自来水龙头,用水冲淋使火熄灭。

(三)割伤、烫伤和化学试剂灼伤处理

1. 割伤 遇到割伤时,如无特殊要求,应用蒸馏水充分清洗伤口,并取出伤口中碎玻璃或残留固体,用碘伏或酒精消毒后,用无菌的绷带或创可贴进行包扎、保护。大伤口应注意压紧伤口或主血管,进行止血,并急送医疗部门进行处理。

2. 烫伤 因火焰或因触及灼热物体所致的小范围的轻度烫伤、烧伤,可立即用冷水冲洗或将受伤部位浸入冷水或冰水中,直至不再疼痛和灼热,再涂烫伤膏。重度的、大范围的烫伤或烧伤应立即送医疗部门进行救治。

3. 化学试剂灼伤 对于不同的化学试剂灼伤,处理方法不一样。

(1)酸:立即用大量清水冲洗,再用3%~5%碳酸氢钠溶液淋洗,最后水洗10~15 min。严重者将灼伤部位拭干,包扎好,到医院治疗。

(2)碱:立即用大量清水冲洗,再用2%~5%乙酸溶液或1%~2%硼酸溶液淋洗,以中和碱,最后再水洗10~15 min。严重者同上处理。

（3）有机物：用乙醇擦洗可以除去大部分有机物。然后再用肥皂和温水洗涤即可。如果皮肤被酸等有机物灼伤，将灼伤处浸在水中至少3 h，然后请医生处置。

四、废弃物的销毁

碎玻璃和其他锐角的废物不要丢入废纸篓或类似的盛器中，应该使用专门的废物箱。

不要把任何用剩的药品或试剂倒回原试剂瓶中。原因如下：其一会对试剂造成污染，影响其他人的实验；其二由于操作疏忽导致错误引入异物，有时会发生剧烈的化学反应甚至会引起爆炸。

危险的废品，如会放出毒气或能够自燃的废品（活性镍、磷、碱金属等），决不能丢弃在废物箱或水槽中。不稳定的化学品和不溶于水或与水不混溶的溶液也禁止倒入下水道。应将它们分类集中后处理。对倒掉后能与水混溶，或能被水分解或腐蚀性液体，必须用大量的水冲洗。

金属钾或钠的残渣应分批小量地加到大量的醇中予以分解（操作时须戴护目镜）。

五、实验的预习和实验记录

在实验前，对所做的实验应充分做好预习工作。预习工作包括反应的原理，可能发生的副反应、反应机制、实验操作的原理和方法，产物提纯的原理和方法，注意事项及实验中可能出现的危险及处置办法，应给出详细的报告。同时还要了解反应中化学试剂的化学计量学用量，对化学试剂和溶剂的理化常数等要记录在案，以便查询。

做好实验记录和实验报告是每一个科研人员必备的基本素质。所有观察到的现象、实验时间、原始数据、操作和后处理方法、步骤均应及时、准确、详细地记录在实验记录本上。

六、实验报告的格式

实 验 报 告

课程名称：＿＿＿＿＿＿　　实验日期：＿＿＿＿＿＿　　实验地点：＿＿＿＿＿＿

学生姓名：＿＿＿＿＿＿　　学　　号：＿＿＿＿＿＿　　专业及班级：＿＿＿＿＿＿

同 组 人：＿＿＿＿＿＿　　指导教师：＿＿＿＿＿＿

实验题目：＿＿＿＿＿＿

一、实验目的

二、反应原理

三、化学试剂规格及理化常数

四、实验步骤及实验现象

五、收率计算和结果讨论

六、思考题

第二章 药物化学实验基本知识和技能

一、药物化学实验基本知识

(一)药物化学实验常用仪器

药物化学合成实验通常使用标准磨口玻璃仪器,也称磨口仪器。它在各接头处加工成通用的磨口,即标准磨口。内外磨口之间能互相紧密连接,因而不需要软木塞或橡皮塞。这不仅可节约配塞子和钻孔的时间,避免反应物或产物被塞子所沾污,而且装配容易,拆洗方便,并可用于减压等操作。

常见的磨口仪器主要有烧瓶(单口、二口或三口)、玻璃塞、水银温度计及套管、冷凝管、导管、活塞管、恒压滴液漏斗等。磨口仪器中的标号是根据磨口的最大直径确定的(以 mm 为单位),常见的有 16#、19#、24#等不同口径,特点是相同口径的仪器可以互相自由组合成不同的装置。通常用两个数字表示变径的大小,如接头 14×19,表示该接头的一端为 14 号磨口,另一端为 19 号磨口。

使用注意事项:①标准口仪器在使用前应检查磨砂口是否完整,连接成装置的时候应在接口处擦些水以保证连接牢靠和装置的气密性;②磨口处必须洁净,若粘有固体杂物,则会使磨口对接不紧密,导致漏气甚至损坏磨口;③用后应及时拆卸洗净,否则磨口的连接处就会粘牢,难以拆开,特别是蒸馏沸点较高液体后(如呋喃甲醇、苯胺等),蒸馏头与蒸馏瓶经常粘在一起;④要达到非常高的真空度时,可在磨口连接处涂少量真空脂,用后要及时清除,一般的反应和常压蒸馏时,磨口无需涂润滑剂(如凡士林、真空脂等),以免污染反应物或产物,若反应中有强碱,则应涂润滑剂,以免磨口连接处遭碱腐蚀粘牢而无法拆开;⑤安装标准磨口玻璃仪器装置时应注意整齐、端正,磨口要对齐,松紧适度。

图 2-1 为药物化学合成实验常用玻璃磨口仪器。不同磨口仪器相互之间通过磨口紧密相连,组合成符合反应要求、便于控制反应的装置。实验开始之前首先要求熟知每件仪器的名称、功能,并能正确画出磨口仪器的图像。

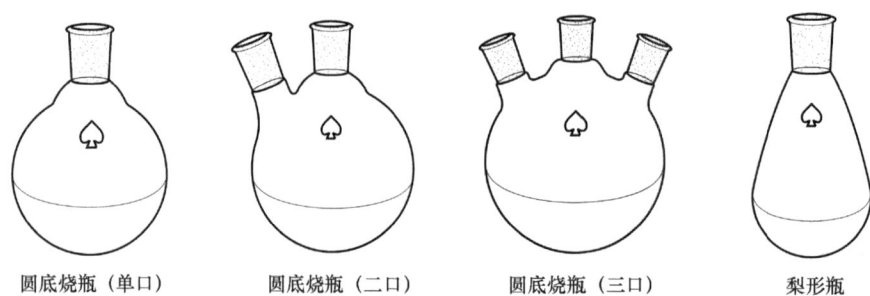

圆底烧瓶(单口)　　圆底烧瓶(二口)　　圆底烧瓶(三口)　　梨形瓶

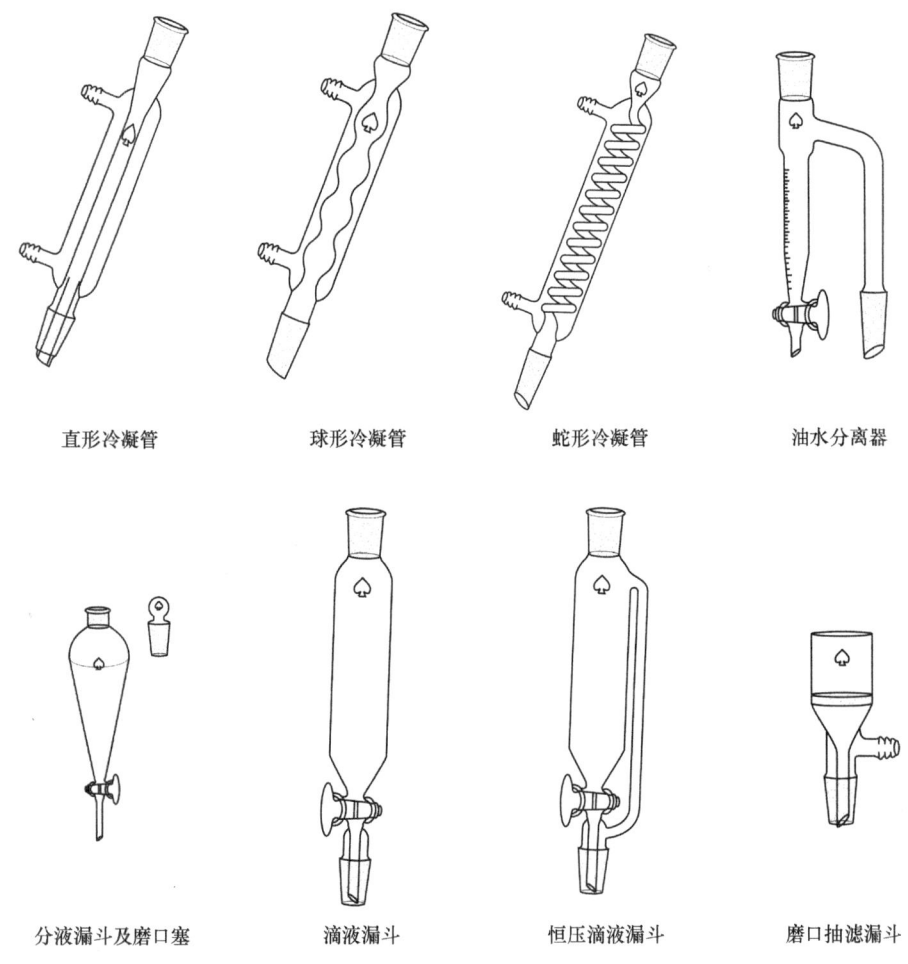

图 2-1 常用玻璃磨口仪器

（二）药物化学合成反应常用装置

不同反应有不同反应特征，反应物、产物、催化剂也有不同的理化性质，对反应装置也有不同的要求，常用药物合成反应的容器是圆底烧瓶，圆底以其对称性带来好的承受外力作用和小的接触面而作为合成反应最常用仪器，烧瓶上有数个磨口，磨口可与不同实验仪器构件相连，相互组成一套反应装置，适应于不同反应要求，常用装置如下：

1. 药物化学合成实验中常用回流装置（图 2-2）

使用说明：

回流装置是有机化学实验中最基本、最重要的装置之一。回流装置 I 是圆底烧瓶与球形冷凝管直接相连组成的一套装置。球形冷凝管能将从烧瓶中上升的热蒸气快速冷却凝聚成液体，重新回落到烧瓶中，从而达到减少或防止有机物在加热时挥发，也使有机物的蒸气出口远离热源而增加操作过程的安全性，主要应用包括以下三个方面。

（1）加热有机物；

（2）制备有机物饱和溶液（重结晶）；

（3）反应装置（如乙酸乙酯制备）。

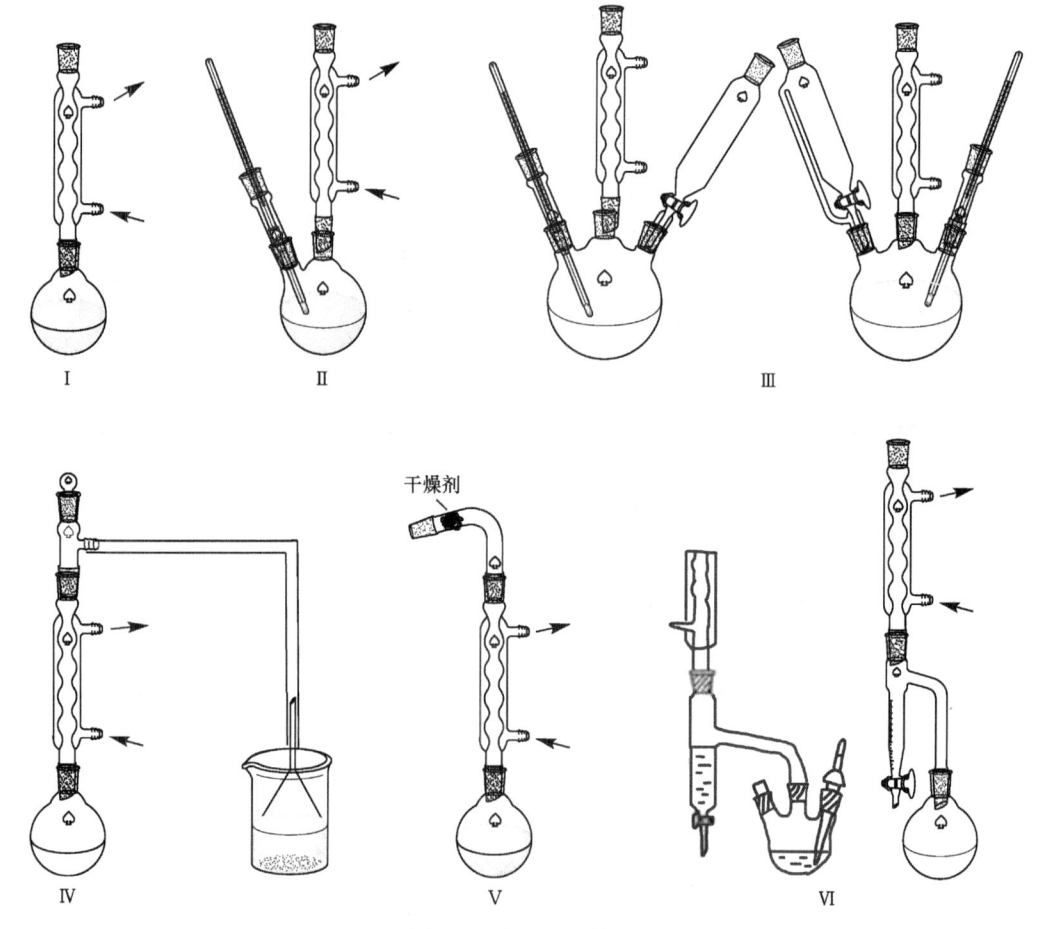

图 2-2 常用回流装置

根据不同反应的特征差异，回流装置可与其他实验仪器构件串联组成一系列不同的实验装置，也可与其他仪器构件组合成另一系列的实验装置。

回流装置Ⅱ是安装了温度计的回流装置，可以监测反应温度。

回流装置Ⅲ为滴加回流装置，在烧瓶一磨口装回流装置（含回流、回流吸收、回流干燥等），另一磨口接滴液漏斗，将反应物或反应物之一逐滴滴加到反应体系中，来控制反应的进行。尤其是以下特征的反应，必须选用滴加回流装置：

（1）反应物活性较大，为了使反应平稳进行采用滴加以控制活性大的物质的浓度，以达到控制整个反应的目的。

（2）强放热反应。为了使反应热能有效向环境扩散，防止发生事故，需控制反应物浓度来使反应产生的热量逐渐释放，达到控制反应的目的。

（3）控制副反应或二次反应发生。对反应物之一能与产物反应时，除了严格控制反应条件外，还要控制好该反应物在反应体系中的浓度，应采用滴加方法，如格氏试剂制备时，若采用将镁投入卤代烃中，则镁与卤代烃反应生成的格氏试剂也与卤代烃反应生成烃。因此需采用将卤代烃滴入到镁的醚溶液中，在其反应基本完成以后，再滴加以控制卤代烃的浓度，减少副反应发生。

（4）控制过量。在实施可逆反应时，有时也采用反应物之一过量的方法控制反应。一般采用较便宜的物质为主，使较贵的物质比较完全地转变成产物而降低成本（如乙酸乙酯的制备)。过量的含义包括两个方面:其一是用量上过量,其二在操作技术上将有限的过量的物质转变成数量上的绝对过量,如乙酸乙酯的制备将1:1的反应物滴加到乙醇-硫酸溶液中,达到乙醇的最大程度过量,获得最大收益。

(5)滴加蒸馏或分馏。若在分离混合物时,其成分之一在沸点时虽稳定,但不能长时间加热,而蒸馏或分馏的量又较大,就可选用小的二口瓶或三口瓶,采用边滴加边蒸馏或分馏的办法,使滴入的少量液体在烧瓶中立即气化进入冷凝管或分馏柱,防止长时间加热而发生变化。

回流吸收装置Ⅳ是对产生卤化氢、二氧化氮、硫氢化物等有毒气体的反应,回流冷凝管顶端必须与毒气吸收装置相连,防止毒气外溢,若反应能产生易挥发可燃物质时,也需要在回流冷凝管顶端另用导管相连,通入下水道或室外,防止可燃性气体在室内积聚而发生事故。值得一提的是,回流冷凝管顶端连接了毒气吸收装置后,整个系统形成一个密闭体系,这个体系在反应开始后,可能因反应剧烈产生气体来不及吸收而发生爆炸,在反应后期又因体系冷却或毒气溶解而发生倒吸,避免的办法是:三角漏斗紧贴液面(勿深入液面)判断这类反应进行程度,观察反应体系中产生气泡的速度,若无气体产生,主反应已完成。实例:苯妥英钠合成——二苯乙二酮的制备(硝酸氧化法)。

回流干燥装置Ⅴ用于反应物、催化剂、产物之一能与水反应时,为避免与水发生反应导致实验失败,不仅要求反应物、试剂、仪器在实验前进行干燥处理,也要保持在反应过程中,外界水蒸气不进入反应体系,因此在回流冷凝管顶端与装有干燥剂的干燥管相连,例如,格氏试剂制备,安装时要注意干燥剂要疏松透气,防止过分紧密使反应体系成为密闭体系留下安全隐患。

回流分水装置Ⅵ是在回流装置的烧瓶与回流冷凝管之间连接一个油水分离器,使回流液先滴入油水分离器后再回流到烧瓶中,这套装置最适合于原料和产物都不溶于水,但有水生成的可逆反应。例如,正丁醚的制备。借油水分离器将水蒸出,减少产物的浓度,使可逆平衡向产物方向移动,对反应物之中有可溶于水的物质时,可以通过计算用过量可溶性反应物和加入带水剂,应用回流分水器装置控制反应,所谓分水剂就是该物质可与水形成低恒沸混合物,降低蒸出水的温度,减少其他物质蒸出。例如苯甲酸乙酯的制备。回流分水装置可借蒸出水的量判断反应进行程度。

2. 药物化学合成实验中常用蒸馏装置(图2-3)

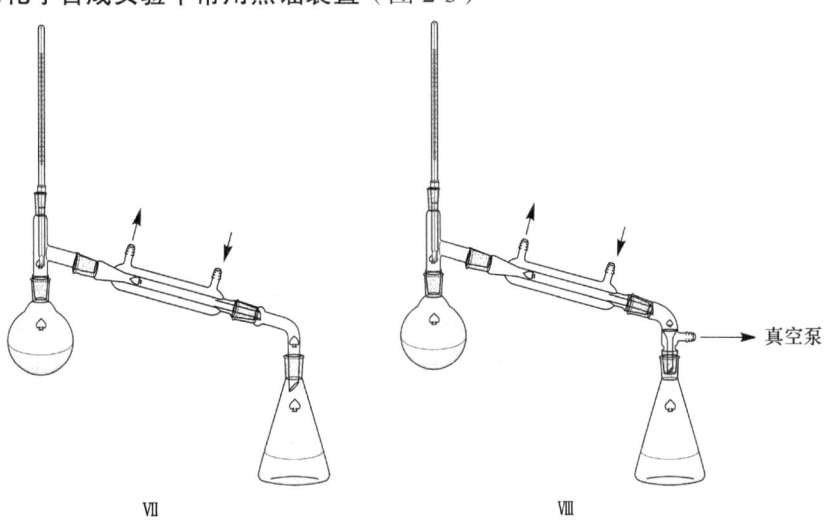

图2-3 常用蒸馏装置

蒸馏装置Ⅶ是将烧瓶中产生的热蒸气通过蒸馏头流入冷凝管，冷凝成液体的装置，这套装置可以用来测定沸点（被蒸出液体的沸点），也可用于分离合提纯有机物，还能用作反应装置，形成反应蒸出装置，应用于产物之一为低沸点物质的可逆反应，通过反应蒸出产物促使可逆反应平衡向产物方向移动来控制反应的进行。例如，乙酸乙酯的制备。若低沸点产物与反应物的沸点相差不大时，可采用回流蒸出装置使沸点稍高的原料回流，重新参加反应。

蒸馏装置Ⅷ连接真空泵即为减压蒸馏，可以加快溶剂的蒸馏速度。

（三）药物化学合成反应中用到的特殊仪器

1. 微波反应器　微波是频率大约在 300 MHz～300 GHz，即波长在 1m（不含 1m）～1mm 范围内的电磁波，它位于电磁波谱的红外辐射（光波）和无线电波之间。微波波段中的波长并不是都可以任意使用的，因为微波具有极高的频率和极宽的频带，波长在 1～25 cm 的波段专用于雷达，其余部分用于电信传输，它特别适合于作大容量的载波，可以传输几千路电话和几十路电视。因此，为了防止民用微波功率对无线电通信、广播、电视和雷达等的干扰，国际上规定工业、科学研究、医学及家用等民用微波功率的频率为 915±25 MHz、2450±50 MHz、5800±75 MHz 和 22125±125 MHz。目前我国主要应用 915 MHz 和 2450 MHz。

直流电源提供微波发生器的磁控管所需的直流功率，微波发生器产生交变电场，该电场作用在处于微波场的物体上，由于电荷分布不平衡的小分子迅速吸收电磁波而使极性分子产生 25 亿次/s 以上的转动和碰撞，从而极性分子随外电场变化而摆动并产生热效应；又因为分子本身的热运动和相邻分子之间的相互作用，使分子随电场变化而摆动的规则受到了阻碍，这样就产生了类似于摩擦的效应，一部分能量转化为分子热能，造成分子运动的加剧，分子的高速旋转和振动使分子处于亚稳态，这有利于分子进一步电离或处于反应的准备状态，因此被加热物质的温度在很短的时间内得以迅速升高。在微波的条件下，利用其加热快速、均质与选择性等优点，应用于现代有机合成研究中的技术，称为微波合成。

1986 年，Lauventian 大学化学教授 Gedye 及其同事发现在微波中进行的 4-氰基酚盐与苯甲基氯的反应比传统加热回流要快 240 倍，这一发现引起人们对微波加速有机反应这一问题的广泛注意。自 1986 年至今，微波促进有机反应的研究已成为有机化学领域中的一个热点。大量的实验研究表明，借助微波技术进行有机反应，反应速度较传统的加热方法快数十倍甚至上千倍，且具有操作简便、产率高及产品易纯化、安全卫生等特点，因此，微波合成反应发展迅速。

微波合成的特点：

（1）加热速度快。由于微波能够深入物质的内部，而不是依靠物质本身的热传导，因此只需要常规方法十分之一到百分之一的时间就可完成整个加热过程。

（2）热能利用率高，节省能源，无公害，有利于改善劳动条件。

（3）反应灵敏。常规的加热方法不论是电热、蒸汽、热空气等，要达到一定的温度都需要一段时间，而利用微波加热，调整微波输出功率，物质加热情况立即无惰性地随着改变，这样便于自动化控制。

（4）产品质量高。微波加热温度均匀，表里一致，对于外形复杂的物体，其加热均匀性也比其他加热方法好。对于有的物质还可以产生一些有利的物理或化学作用。图 2-4 是常用的微波反应器。

2. 超声波反应器　超声波是指振动频率大于 20 kHz 的声波，超出了人耳听觉的上限

（20 kHz），是一种机械振动，通常以纵波的方式在弹性介质内传播，是一种能量的传播形式，其频率高、波长短，在一定距离内沿直线传播具有良好的束射性和方向性。

超声促进化学反应，也叫超声化学，是20世纪80年代中后期发展起来的一门新兴交叉学科。当超声波在液体中传播时，由于液体微粒的剧烈振动，会在液体内部产生小空洞。这些小空洞迅速胀大和闭合，导致液体微粒之间发生猛烈的撞击作用，从而产生几千到上万个大气压的压强。微粒间这种剧烈的相互作用，会使液体的温度骤然升高，起到很好的搅拌作用，从而使两种不相溶的液体发生乳化，并且加速溶质溶解，加速化学反应。这种由超声波

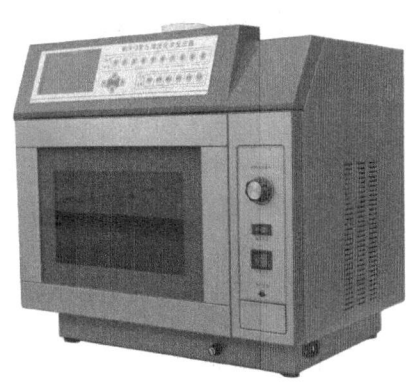

图 2-4　微波反应器

作用在液体中所引起的各种效应称为超声波的空化作用。超声空化作用能形成局部热点，可形成 4000～6000 K 及压力 100Pa、急剧冷却速度可达 109K/s 的极端环境，导致化学反应的热力学变化，使化学反应的速度和产率得以提高。

超声波促进化学反应特点：

（1）空化泡爆裂可以产生促进化学反应的高能环境（高温和高压），使溶剂和反应试剂产生活性物种，如离子、自由基等。

（2）超声辐射可以产生机械作用，如促进传质、传热、分散等作用。

（3）对于许多有机反应，尤其是非均相反应，有显著的加速效应，且可以提高反应产率，减少副产物。

（4）可使反应在比较温和的条件下反应，减少甚至不用催化剂，简化实验操作。

（5）对于金属参与的反应，超声波可以及时去除金属表面形成的产物、中间产物及杂质，使反应面清洁，促进反应的进行。

总之，超声波可以改进化学反应条件，避免采用高温高压，还能提高化学反应速率、缩短反应时间、提高反应产率和选择性，而且还可以改变反应的途径和方向，使一些在通常条件下本来不能或者难以进行的化学反应得以实现。由于超声化学具有独特的反应特性，目前受到广泛关注，是合成化学等极为重要且十分活跃的研究领域之一。很多药物化学反应可以利用超声波辅助缩短反应时间，提高产率。图 2-5、图 2-6 是常用的超声波反应器。

图 2-5　超声波反应器

图 2-6　探头式超声波反应器

（四）目标化合物的分离提纯

完成了反应后处理工作，就已初步分离到了产品，通常称之为粗产品，这些化合物在进行结构确证之前一般都需进一步纯化。为了使目标化合物与杂质分离，将利用目标有机化合物与杂质之间的各种性质的差别，如溶解度、挥发性、极性、官能团等。下面就药物化学合成中经常用到的分离提纯方法作一简要介绍。

1. 重结晶 重结晶是提纯固体目标化合物最简单且最有效的方法。其原理是利用目标化合物与杂质在某种溶剂中的溶解度不同，或在同一溶剂中不同温度时的溶解度不同，而将它们相互分离。

用重结晶法来提纯有机化合物一般包括五个过程：溶解、过滤、结晶、晶体的收集和晶体的干燥。首先将不纯的固体溶解在适量的热的溶剂中，再通过过滤除去不溶的杂质。得到热的溶液放置缓慢冷却，纯的化合物晶体就会从溶液中慢慢析出。

（1）溶解。首先要选择合适的溶剂。重结晶用的溶剂应与被提纯的化合物不起化学反应、有较好的挥发性、容易与晶体分离、具有比重结晶固体的熔点要低的沸点、无毒性且不易燃。最重要的应是化合物在热的溶剂中能溶解，而在冷的溶剂中几乎不溶解。如果难于找到一种合适的溶剂时，则可采用混合溶剂。混合溶剂一般由两种能以任何比例互溶的溶剂组成，其中一种对被提纯物质的溶解度较大，而另一种对被提纯物质的溶解度较小。一般常用的混合溶剂有乙醇和水，乙醇与乙醚，乙醇和丙酮，乙醚和石油醚等。用混合溶剂重结晶时，一般先用适量溶解度较大的溶剂，加热使样品溶解，溶液若有颜色可用活性炭脱色，趁热过滤除去不溶杂质，将滤液加热至接近沸点的情况下，慢慢滴加溶解度较小的热溶剂至刚好出现浑浊，加热浑浊不消失时，再小心地滴加溶解度较大的溶剂，直到溶液变清，放置析晶。若已知两种溶剂的某一比例适用于重结晶，可事先配好混合溶剂，按单一溶剂重结晶的方法进行。一旦找到合适的重结晶溶剂之后，就准备将重结晶的固体溶解。在溶解固体之前，最好称量一下固体的重量。此外较大的晶体往往难于溶解，应事先碾磨。

（2）过滤。溶液加热至沸腾后，应迅速趁热过滤，除去一些不溶性的固体，这些固体包括不溶的杂质、副产物或一些固体碎片如沸石、玻璃或纸片等，热的溶液可以利用重力过滤。有时，有机化合物的溶液具有较深的颜色，则需要待溶液稍冷后加入活性炭重新加热沸腾后再趁热过滤。根据杂质颜色的深浅，活性炭一般用量为固体用量的1%～3%。不能向正在沸腾或接近沸腾的溶液中加入活性炭，否则会引起溶液的爆沸。加入活性炭，将溶液煮沸5～10min，撤去热源，待溶液稳定后，趁热迅速过滤。

（3）结晶。将趁热收集到热滤液的三角烧瓶静置，盖上表面皿，防止空气中的灰尘污染，慢慢冷却。冷却的速度决定了晶体的大小，快速冷却将会导致产生一些细小的晶体，表面积大，吸附于其表面的杂质和母液较多。冷却速度太慢会形成一些较大的晶体，其中往往会夹杂母液造成干燥困难。化合物在低于其熔点50℃时结晶速度最快，在低于其熔点100℃时，析出晶体的数量最多。通常还可以将三角烧瓶再放到冰浴中，使溶液从室温冷却到0℃，这样，会析出更多的晶体。除非一些特殊情况不能这样做，因为冷却会有一些水分进入到溶液中。

如果溶液冷却后仍不结晶,可用玻璃棒摩擦器壁引发晶体的生成。也可以向溶液中投入"晶种"。"晶种"是在溶解固体之前从固体中挑出的较好的晶体。如果不析出晶体而得到油状物，可加热至清液后，让其自然冷却至开始有油状物析出时，立即剧烈搅拌，使油状物分散，也可搅拌至油状物消失。如果结晶不成功，则需要用色谱法来提纯。

（4）晶体的收集。晶体完全析出后，通常用过滤来将母液和晶体分开。过滤之后，晶体应用少量新鲜的溶剂洗涤，如果是用混合溶剂重结晶，在洗涤时，同样应用混合溶剂。

2. 萃取　萃取是用来提纯和分离化合物的手段之一。通过萃取，能从固体或液体混合物中提取出目标化合物。常用为液液萃取，即利用物质在两种互不相溶（或微溶）的溶剂中溶解度或分配系数的不同，使溶质物质从一种溶剂内转移到另外一种溶剂中的方法（图 2-7）。

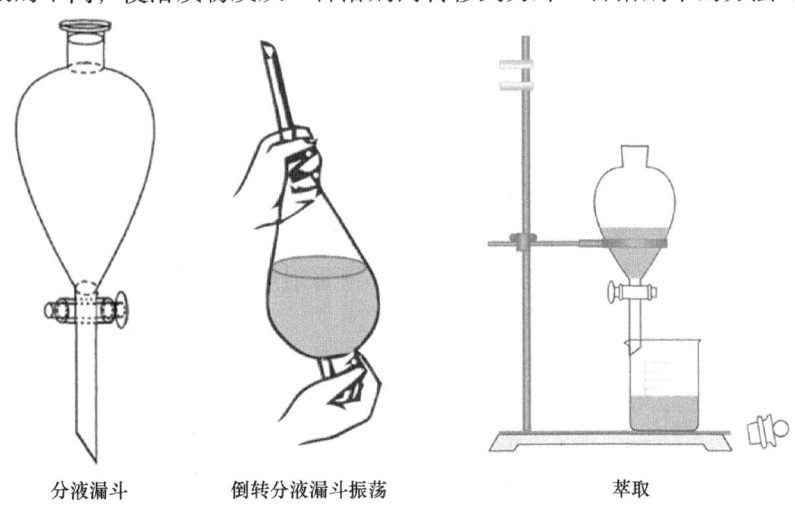

分液漏斗　　　倒转分液漏斗振荡　　　萃取

图 2-7　萃取装置

萃取技术在分离化合物中的酸性或碱性物质时很有用，一般是利用碱或酸来调节 pH 值。这种利用酸碱化学反应的技术，也常称之为化学活性萃取。

当萃取溶剂一定时，少量多次的萃取将获得较高的萃取效率。通常如果分配系数大于 4，用 2～3 次萃取就足够了。

3. 色谱分离　色谱法是药物化学合成过程中分离、纯化目标化合物的重要方法之一，也是在反应过程中常用的反应监测方法。色谱分离原理是利用吸附剂对被分离物质的吸附能力大小不一样的特点而分离。毛细管电泳则是利用分子电荷的极性和大小的区别。凝胶色谱则是利用被分离化合物的分子量大小不同而分离。

（1）柱色谱：柱色谱分为吸附柱色谱和分配柱色谱，前者常用氧化铝和硅胶作固定相，后者则以附着在惰性固体如硅藻土和纤维素等上的活性液体作为固定相（也称固定液）。药物化学合成中常用吸附柱色谱。常用柱色谱的装置如图 2-8 所示。

1）吸附剂。常用的吸附剂有氧化铝、硅胶、氧化镁、碳酸钙和活性炭等。吸附剂一般要经过纯化和活化处理，颗粒大小应当均匀。对于吸附剂来说，颗粒小、表面积大，吸附能力就高，但是颗粒小时，溶剂的流速就太慢，因此应根据实际分离需要而定。吸附剂的活性与其含水量有关，含水量越低，活性越高。

2）溶质的结构与吸附能力。化合物的吸附性和它们的分子极性成正比，分子极性越强，吸附能力越大，分子中含有极性较大的基团时吸附能力也较强。氧化铝对各种化合物的吸附性按以下次序

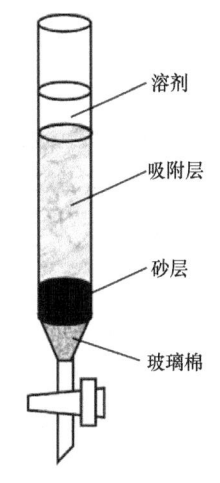

图 2-8　常用柱色谱的装置

递减：

  酸和碱＞醇、胺、硫醇＞酯、醛、酮＞芳香族化合物＞卤代物、醚＞烯＞饱和烃

3）溶剂。溶剂的选择是至关重要的一环。通常根据被分离物质中各种组分的极性、溶解度和吸附剂活性来考虑。先将被分离的样品溶于一定体积的溶剂中，选用的溶剂极性应低，体积要小。如有的样品在极性低的溶剂中溶解度很小，则可加入少量极性较大溶剂溶解以使溶液体积不致太大。色谱层的展开首先使用极性最小的溶剂，使最容易洗脱的组分分离，然后逐渐增加洗脱溶剂的极性，使极性不同的化合物按极性由小到大的顺序自色谱柱中洗脱下来。常用洗脱溶剂的极性按如下顺序递增：

  己烷和石油醚＜环己烷＜四氯化碳＜三氯乙烯＜二硫化碳＜甲苯＜苯＜二氯甲烷＜

    氯仿＜乙醚＜乙酸乙酯＜丙酮＜丙醇＜乙醇＜甲醇＜水＜吡啶＜乙酸

吸附柱色谱的分离效果不仅依赖于吸附剂和洗脱剂的选择，而且与制成的色谱柱有关。要求柱中的吸附剂用量为被分离样品的 30～40 倍，需要时可增加至 100 倍。柱高与直径比一般是 7.5∶1。装柱可以采用湿法和干法。装柱时应不使吸附剂中有裂缝或气泡，否则影响分离效果。一般说来，用湿法装柱较干法紧密均匀。

（2）薄层色谱：薄层色谱（薄层层析）既可以用于药物化学合成反应中的监测方法，也可以用于微量化合物的分离制备。

薄层色谱常用的有吸附色谱和分配色谱两类。凡能用氧化铝或硅胶吸附柱色谱分开的物质，也能用氧化铝或硅胶薄层色谱分开；凡能用硅藻土或纤维素作支持剂分配柱色谱分开的物质，也可以用硅藻土或纤维素薄层色谱分开。因此，薄层色谱常用作柱色谱的先导。

薄层色谱是在洗涤干净的玻璃板（可用 7.5 cm×2.5 cm 的载玻片）上均匀涂一层吸附剂或支持剂，待阴干、活化后，即可点样、展开、分析。

1）薄层色谱用吸附剂和支持剂。与柱色谱相似，薄层吸附色谱的吸附剂常用的是氧化铝和硅胶，分配色谱的支持剂为硅藻土和纤维素。吸附剂颗粒大小一般以 200 目左右为宜。

若颗粒太大，展开时溶剂推移速度太快，分离效果不好；反之颗粒太小，展开太慢，组分斑点易拖尾而不集中，分离效果也不理想。

硅胶是无定形多孔性物质，略具酸性，适用于酸性和中性物质的分离和分析。薄层色谱用硅胶分为："硅胶 H"——不含黏合剂；"硅胶 G"——含煅石膏作黏合剂；"硅胶 HF_{254}"——含荧光物质，可用于波长 254 nm 紫外光下观察荧光；"硅胶 GF_{254}"——既含煅石膏又含荧光剂等类型。

与硅胶相似，氧化铝也因含黏合剂或荧光剂而分为氧化铝 H、氧化铝 G、氧化铝 HF_{254} 和氧化铝 GF_{254}。

黏合剂除上述的煅石膏（$CaSO_4 \cdot 1/2H_2O$）外，还可用淀粉、羧甲基纤维素钠（CMC）。通常将薄层板按加黏合剂和不加黏合剂分为两种，加黏合剂的薄层板称为硬板，不加黏合剂的，称为软板。

2）薄层板的制备。在洗净干燥的平整的玻璃板上铺一层均匀的薄层吸附剂或支持剂以制成薄层板。薄层板制备的好坏是薄层色谱法成败的关键。为此，薄层必须尽量均匀且厚度要固定，否则在展开时溶剂前沿不齐，色谱结果也不易重复。铺层可分为干法和湿法两种。一般采用湿法铺层。若为吸附色谱，通常先将硅胶与水按 1∶2.5（质量比）混合后均匀调成糊状。氧化铝与水则为 1∶1。将调好的糊状物倒在薄层玻璃板上，用拇指和食指夹住薄层板的两侧边左右摇晃，使表面均匀光滑（必要时可用手指对角轻拿薄层板在平台上将其轻轻跌落数次）。

然后,把薄层板放于已校正水平面的平台上阴晾至干透。

将干透的薄层板置于烘箱中加热活化。活化时需慢慢升温,硅胶在约110℃活化30~60min后可得Ⅳ~Ⅴ级活性的薄层板。氧化铝薄层板,在200~220℃烘4h,可得Ⅱ级活性的薄层板,在150~160℃烘4h可得Ⅲ~Ⅴ级活性的薄层板。活性板应置于干燥器中保存备用(吸附剂的活性与含水量的关系见表2-1)。

表2-1 吸附剂的活性与含水量的关系

活性	Ⅰ	Ⅱ	Ⅲ	Ⅳ	Ⅴ
氧化铝含水量(%)	0	3	6	10	15
硅胶含水量(%)	0	5	15	25	38

3)点样。在离薄层板的一端约1cm处,用铅笔轻轻划一条线作为起点线。通常将样品溶于低沸点溶剂(丙酮、甲醇、乙醇、乙醚、氯仿、苯和四氯化碳)中配成1%溶液,用管口平整、内径小于1mm的毛细管吸取样品溶液,轻轻接触到起点线的某一位置上。如果溶液太稀,一次点样不够,待溶剂挥发后可重复点样。点样斑点直径一般不超过0.3cm,若为多处点样时,点样间距为1cm左右。在薄层色谱中,样品用量对物质的分离效果有很大影响,所需样品量与显色剂的灵敏度、吸附剂的种类、薄层的厚度均有关系。样品太少时,斑点不清楚,难以观察;但样品量太多时,往往出现斑点太大或拖尾现象,以致不容易分开。

4)展开。薄层色谱展开剂的选择和柱色谱一样,主要根据样品的极性、溶解度和吸附剂的活性等因素来考虑。凡溶剂的极性越大,则对化合物的洗脱力越大,即溶质在薄层板上移动的距离也越大(如果样品在溶剂中有一定溶解度)。薄层色谱用的展开剂绝大多数是有机溶剂,各种溶剂极性参见柱色谱部分。

薄层色谱展开需要在密闭容器中进行。上升法是先将选择的展开剂放在展开槽中,使溶剂蒸气饱和5~10min,再将点好试样的薄层板垂直或倾斜(图2-9)放入层析缸中进行展开。点样处的位置必须在展开剂液面之上。当展开剂前沿上升到离顶端1cm处或各组分已明显分开时,取出薄层板,用铅笔或小针划出溶剂前沿位置,放平晾干后即可显色。

5)显色。如果化合物本身有颜色,可在用硅胶(氧化铝)G薄层板分离后直接观察它的斑点。如果化合物本身无色,在用硅胶(氧化铝)GF_{254}薄层板分离后,于紫外光下观察荧光吸收斑点。也可用硅胶(氧化铝)G薄层板分离后,置于碘缸中显色。许多化合物都能与碘形成棕色斑点。但当碘蒸气挥发后,棕色斑点即消失(自容器中取出后几秒钟内一般即会消失),所以应立即标出斑点位置。还可以在用硅胶(氧化铝)G薄层板分离后,趁展开剂尚未挥发前用显色剂喷雾显色。不同类型的化合物需选用不同的显色剂。显色后,记下各斑点中心位置,通常用比移值R_f表示物质移动的相对距离,R_f值随分离化合物的结构、固定相与流动相的性质、温度等因素的不同而变化。当温度等实验条件固定时,比移值就是一个特定的常数,

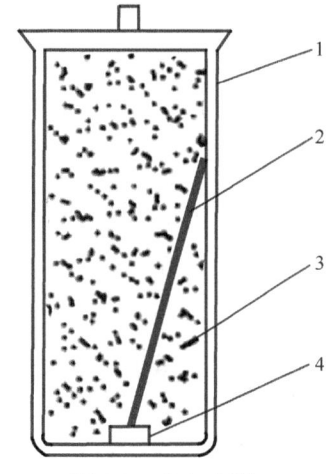

图2-9 直立式展缸

1.层析缸;2.薄层板;3.蒸气(展开剂);4.小皿(盛展开剂)

因而可作为定性分析的依据。但由于影响 R_f 值的因素很多，实验数据往往与文献记载不完全相同，因此在鉴定时常常采用标准样品对照分析。

R_f=自原点始溶质所走的距离/自原点始溶剂所走的距离

（五）目标化合物的结构鉴定

在进行结构鉴定之前，首先应该对化合物进行分离提纯，尽量保证化合物的纯度。大多数药物化学合成实验的中间产物及目标化合物都是已知化合物，可以首先采用物理常数测定的方法进行鉴定。熔点、沸点、折射率及比旋光度等物理常数可以辅助鉴定已知化合物的结构，也可以验证化合物的纯度。药物合成过程中常用熔点测定的方法辅助鉴定已知目标化合物的结构及纯度。

1. 熔点 通常当结晶物质加热到一定的温度时，即从固态转变为液态，此时的温度可视为该物质的熔点。然而熔点的严格定义，应为固液两态在大气压力下成平衡时的温度。纯粹的固体有机化合物一般都有固定的熔点，即在一定压力下，固液两态之间的变化是非常敏锐的。一个纯结晶物质从开始熔化（始熔）至完全熔（全熔）的温度范围叫做熔点距，也叫熔点范围或熔程，温度不超过 0.5～1℃。如该物质含有杂质，则其熔点往往较纯粹者为低，且熔程也较长。这对于鉴定纯粹的目标晶体化合物来讲具有很大价值，同时根据熔程长短又可定性地看出该化合物的纯度。每一个有机化合物晶体都具有一定的熔点，所以可以利用熔点鉴定已知化合物的结构，由于大多原料药物为晶体结构，且熔点都在 300℃以下，较易测定，《中国药典》中原料药的鉴定项目中均列了熔点检查项。

目前熔点的测定一般采用熔点测定仪。显微熔点测定仪主要由电加热系统、温度计和显微镜组成（图 2-10）。测定熔点时，样品放在两片洁净的载片玻璃之间或熔点测定管（根据熔点测定仪进行选择）内，置于热浴中，调节显微镜高度，观察被测物质的晶形。先拧开加热旋钮，使温度快升，到温度低于熔点 10～15℃时，换开微调旋钮，减慢升温速度，使每分钟上升 1～2℃。愈接近熔点，升温速度愈慢（掌握升温速度是准确测定熔点的关键）。这一方面是为了保证有充分的时间让热量传递，以使固体熔化，另一方面因观察者不能同时观察温度读数和样品的变化情况。只有缓慢加热，才能使此项误差减小。记下样品开始塌落并有液相（俗称出汗）产生时（初熔）和固体完全消失时（全熔）的温度计读数，即为该化合物的熔程。要注意，在初熔前是否有萎缩或软化，放出气体以及其他分解现象。例如，某物质在 120℃时开始萎缩，在 121℃时有液滴出现，在 122℃时全部液化，应记录如下：熔点 121～122℃，120℃时萎缩。

熔点测定，至少要有两次重复的数据。每一次测定都必须用新的洁净的载片玻璃或熔点测定管另装样品，不能将已测过熔点的载片玻璃或熔点管冷却，使其中的样品固化后再作第二次测定。因为有时某些物质会产生部分分解，有些会转变成具有不同熔点的其他结晶形式。测定易升华物质的熔点时，应将熔点管的开口端烧熔封闭，以免升华。如果要测定未知物的熔点，应先对样品粗测一次。加热速度可以稍快，知道大致的熔点范围后，待加热块冷至熔点以下约 30℃，再取另一根装样的载片玻

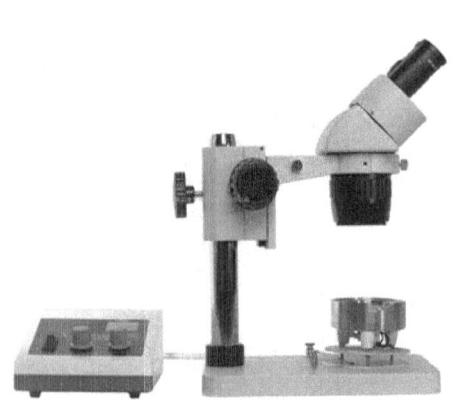

图 2-10　X-5 显微熔点测定仪

璃或熔点管作精密的测定。

当要重复测定时,可将金属冷却圆板置于热浴中。热交换后的圆板,用冷水冷却。如此重复数次,使温度很快降下来。

药物合成过程中已知化合物的鉴定可以通过熔点测定方式进行,进一步的结构确证还可以利用红外、紫外、质谱、核磁、元素分析等波谱分析方法进行。

2. 红外光谱

(1) 基本原理:红外光谱(infrared spectroscopy,IR)是分子光谱,用于研究分子的振动能级跃迁,是鉴定有机官能团及结构研究常用的方法。红外光波长位于可见光波和微波波长 $0.75 \sim 1000$ μm(1 μm$=10^{-4}$ cm)之间范围。其中 $0.75 \sim 2.5$ μm 为近红外区,$2.5 \sim 25$ μm 为中红外区,$25 \sim 1000$ μm 为远红外区,最常见的红外吸收光谱区域是 $2.5 \sim 25$ μm,对应的频率范围为 $4000 \sim 400$ cm^{-1}(波数)。分子的红外吸收仅涉及分子振动和转动能级的变化。但分子的转动能级间距比振动能级间距又小得多,所以振动能级间又包含着许多转动能级。当分子吸收红外光子从能量低的振动能级向能量高的振动能级跃迁时,必须伴随着转动能级的变化,因此称为振—转跃迁。由此产生的吸收光谱,称为振—转光谱。若以能量很低的远红外或微波区电磁辐射去照射物质,分子受激所产生的跃迁仅涉及转动能级的变化,故称为纯转动跃迁。相应的吸收光谱,称为转动光谱。

分子必须满足两个条件才能吸收红外辐射:①分子振动或转动时伴随有瞬时偶极矩的变化;②分子的振动频率与红外辐射的频率相同。

分子吸收红外光后,引起辐射光强度的改变,由此可记录红外吸收光谱,通常以波长(μm)或波数(cm^{-1})为横坐标,百分透过率($T\%$)或吸光度(A)为纵坐标记录。透过率愈低,吸光度就愈强,谱带强度就愈大。根据透过率,谱带强度大致分为:很强吸收带(vs,$T\%<10$),强吸收带(s,$10<T\%<40$),中强吸收带(m,$40<T\%<90$),弱吸收带(w,$T\%>90$),宽吸收带用 b 表示。

(2) 样品制备:通常采用压片法将干燥固体样品 $1 \sim 2$ mg 与充分干燥过的溴化钾粉末 $100 \sim 200$ mg,在研钵中一起研磨成极细均匀粉末,置于压模具内,使混合物在模具中分布均匀。然后在真空条件下加压,使其压成片状。打开模具,小心地取下盐片,置放在盐片支架上,并安放在红外光谱仪中,记录红外光谱。

(3) 注意事项:由于水在 3710 cm^{-1} 和 1630 cm^{-1} 有强吸收峰,因此在作红外光谱分析时,待测样品及盐片均需充分干燥处理。

3. 紫外光谱 紫外-可见光谱(ultraviolet and visible spectrum)是电子光谱,研究分子中电子能级的跃迁。$190 \sim 400$ nm 为近紫外区,又称紫外光区;$400 \sim 800$ nm 为可见光区。$190 \sim 800$ nm 区域统称为紫外可见光区。用紫外光测得的电子光谱称紫外光谱。

在紫外-可见光照射下,引起分子中电子能级的跃迁,产生电子吸收光谱。电子能级的跃迁主要是价电子吸收一定波长的电磁波发生的跃迁。有机化合物的价电子包括成键的 σ 电子、π 电子和非键的 n 电子。由紫外-可见光谱图中可以得到各吸收带的 λ_{max} 和相应的 ε_{max} 两类重要数据,它反映了分子中生色团或生色团与助色团的相互关系,即分子内共轭体系的特征。紫外光谱主要反映分子中不饱和基团的性质,用其确定化合物的结构是困难的,需同其他光谱配合。因此在化学药物合成中间体及最终产物结构鉴定时一般不用。

4. 核磁共振谱

（1）基本原理：核磁共振研究的对象是具有磁矩的原子核。原子核是由质子和中子组成的带正电荷的粒子，其自旋运动将产生磁矩。并非所有同位素的原子核都具有自旋运动，只有存在自旋运动的原子核才具有磁矩。质子可以看作是一个旋转着的带电质点，它有一定的磁矩，其方向与旋转轴重合。在外加磁场 H_0 中，两种自旋态的能量不再相等，磁矩与 H_0 同向平行的自旋态的能级低于磁矩与 H_0 反向平行的自旋态。

这两种自旋态的能量差 ΔE 与外加磁场的强度成正比：

$$\Delta E = \gamma (h/2\pi) H_0$$

其中 γ 为质子的特征常数，h 为普朗克常数，H_0 为外加磁场强度。

（2）样品制备：制样时一般采用氘代试剂作溶剂，它不含氢，不产生干扰信号，其中的氘又可作核磁仪锁场之用。溶剂的选择主要考虑对样品的溶解度。氘代氯仿是最常用的溶剂，除强极性的样品之外均可适用。极性大的化合物可采用氘代丙酮、氘代甲醇、重水（D_2O）等。一些特定的样品，还可采用相应的氘代试剂，如氘代苯（用于芳香化合物，包括芳香高聚物）、氘代二甲基亚砜（用于某些一般溶剂中难溶的物质）、氘代吡啶（用于难溶的酸性或芳香物质及皂苷等天然化合物）。

（3）注意事项

1）核磁测试中须保证核磁管无裂痕及破损且无形变，否则会造成探头的污染导致严重损失。送样前一定注意核磁管的破损情况，一旦发现有裂纹及破损（包括核磁管口处破损）请务必及时更换。

2）保证样品的纯度及浓度，氢谱送样量 5 mg 左右，碳谱送样量 10 mg 左右，溶于 0.5 mL 适当氘代溶剂中，转移到核磁管中。

3）如果氘代溶剂中不含四甲基硅烷，则需向样品溶液中加入 1~2 滴四甲基硅烷作内标。如果选用 D_2O 作溶剂，由于四甲基硅烷不溶于其中，则常采用 4,4-二甲基-4-硅代戊磺酸钠（TSPA）作为内标。

5. 质谱

（1）基本原理：化合物电离后，不同质荷比的离子经质量分析器分开，而后被检测、记录下的谱图称为质谱，可用 MS 表示（mass spectrum）。质谱法在有机化合物结构鉴定中可以给出化合物的分子量和分子式。

（2）样品制备及注意事项：取适量样品溶于色谱甲醇中，样品浓度约在 1 mg/mL，必要时作过滤及离心处理，以确保制备的样品溶液透明、无悬浮物。

二、药物化学实验基本技能训练

实验一　乙酰苯胺的重结晶及熔点测量

【实验要求】　怎样对乙酰苯胺重结晶？

【实验技能】

● 溶解度实验

- 优良溶剂体系的选择
- 诱导结晶
- 过滤
- 熔点测定

【实验前的讨论与阅读要求】
- 重结晶理论：见前文"目标化合物的分离提纯（重结晶）"部分。
- 熔点理论：见前文"目标化合物的结构鉴定（熔点）"部分。

【装置】
- 试管（5 支，13 mm×100 mm）
- 锥形瓶（2 个×150 mL，1 个×125 mL）
- 小号磁力搅拌子
- 漏斗
- 滤纸
- 布氏漏斗和滤纸
- 磁力搅拌/加热器
- 抽滤瓶（250mL）和夹子
- 试管架
- 干燥器

【目标】 你将拿到 2g 不纯的乙酰苯胺。任务是在尽可能少损失的情况下对乙酰苯胺重结晶纯化。

【实验要点】

1. 溶解度实验

- 为乙酰苯胺的重结晶确定合适的溶剂体系。可以试验如下溶剂：水、甲醇、丙酮、正己烷和甲苯。如何选择重结晶所需的合适溶剂或混合溶剂，请参考"目标化合物的分离提纯（重结晶）"部分。

2. 乙酰苯胺的重结晶

- 将原料装入 150 mL 带磁力搅拌子的锥形瓶中。加入 70 mL 左右的溶剂（通过上述溶解度实验步骤确定），在带加热的磁力搅拌器上加热至沸腾。
- 过滤除去不溶性杂质，使产品重结晶析出。
- 在布氏漏斗中减压抽滤，收集晶体，并用冷的溶剂洗涤。
- 所得的晶体应该是无色的。若晶体呈橙色或黄色，应该用冷的溶剂继续洗涤。（注意：乙酰苯胺在溶剂中的溶解度是多少。）
- 充分干燥所得产品。
- 计算回收率，测量熔点。

3. 熔点测定

- 取几颗结晶放在载玻片上，再用一块载玻片把晶体盖住。或将熔点管开口端向下插入粉末中，然后把熔点管开口端向上，通过一个玻管垂直于一个表面皿上，多次将熔点管从玻管上端自由落下，以使样品填紧管底。装入样品高约 2～3 mm 即可。

- 将样品放置在加热块上（中）。
- 将波段开关置于快速升温位置，测出试样熔点的大致范围，然后，把波段开关旋向停止位置，待热台温度下降30℃后，把波段开关旋向测试位置，用电位器控制升温速度大约为2～3℃/min，离熔点10℃时用电位器控制升温速度在1℃/min 以内。当温度到达熔点时，往往可观察到晶体发生重排，然后晶体尖锐的棱边变浑圆，最后晶体完全熔化成小球状液体。读取结晶变圆并开始成为小球时的温度，这个温度就是样品的熔点。
- 重复测量两次以上。

【结果】

- 在重结晶纯化固体操作中，你应该获得至少1.30 g 无色（没有任何黄色的痕迹）干燥的晶体。纯化产品的熔程不超过3℃，且熔点最低不低于111℃，最高不超过117℃。该产品需交给指导老师，以验证所得样品的重量及熔点。

【思考题】

（1）在重结晶过程中都有哪些操作步骤？每一个步骤的目的是什么？
（2）使用布氏漏斗过滤时，如果滤纸大于布氏漏斗瓷孔面时，有什么不利情况？
（3）停止抽滤时，如不先打开安全瓶活塞就关闭水泵，会有什么现象产生？为什么？
（4）在布氏漏斗上用溶剂洗涤滤饼时应注意什么？
（5）如何鉴定经重结晶纯化后产物的纯度？
（6）加热速度对熔点测定有何影响？

实验二　3-羟基苯甲酸乙酯的萃取

【实验要求】　如何对3-羟基苯甲酸乙酯进行萃取？

【实验技能】

- 萃取和洗涤
- 无损失地仔细转移溶液
- 溶剂蒸发和浓缩
- 熔点测定
- 核磁共振（NMR）波谱仪的操作

【实验前的讨论与阅读要求】

- 萃取及萃取理论：见前文"目标化合物的分离提纯（萃取）"部分。
- 熔点测定：见前文"目标化合物的结构鉴定（熔点）"部分。
- NMR的理论及操作：见前文"目标化合物的结构鉴定（核磁共振谱）"部分。

【装置】

- 量筒（100mL）
- 分液漏斗（125mL）
- 锥形瓶（2个×250mL）

- 烧杯（150mL）
- 圆底烧瓶（100mL）
- NMR 样品管
- 漏斗
- 滤纸
- 旋转蒸发仪

【目标】

提纯一定量受污染的样品，记录纯化样品的 ^{1}H NMR 谱图，所有操作中要尽量避免样品的损失。

【实验要点】

- 你将拿到一小瓶内含 100mg 受三乙胺污染的 3-羟基苯甲酸乙酯。同时，还有 4 张不同的 ^{1}H NMR 谱图：一张是小瓶内混合物的谱图，其他三张分别是纯的 3-羟基苯甲酸乙酯、三乙胺和乙醚的谱图。

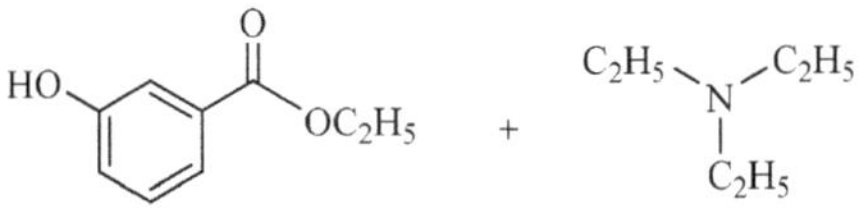

3-羟基苯甲酸乙酯
m.p. 71～73℃

三乙胺

- 在分液漏斗中将样品溶解在 50～70 mL 乙醚中。
- 用 10%的盐酸溶液萃取，除去三乙胺。
- 继续进行标准的水洗操作，包括用乙醚反相萃取。
- 用旋转蒸发仪回收溶剂至恒重，称重。
- 测定所得样品的 ^{1}H NMR 谱图，并与已知谱图比较。
- 将 NMR 测试样品和剩余的纯化样品合并。
- 最后一次除溶剂，至恒重。
- 称重，测定熔点。

【提示】

- 在用旋转蒸发仪蒸除溶剂时，注意确保接收瓶是在冷却状态，水浴锅是在加热状态。否则你的产品将不会凝固。
- 如果在产品固化时遇到困难，可试着在蒸馏瓶中加入几毫升二氯甲烷，然后再重新进行旋转蒸发。

【结果】

- 在转移和萃取技术中，你至少须获得 90 mg 纯化的 3-羟基苯甲酸乙酯。此外，经 ^{1}H NMR 分析，此样品必须足够纯净。这意味着所得的谱图上只允许有可忽略不计的杂质峰，并由指导老师判断认可。另外，纯化后产品的熔程不超过 3℃，下限不低于 69℃，上限不高于 73℃。产品需交给带教老师，以验证所得样品的重量及熔点。

实验三　柱色谱法分离荧光黄

【实验要求】　将含有少量杂质的 4-甲氧基-2′,4′-二羟基查尔酮用柱色谱进行纯化，拿到合格产品。

【实验技能】
- 用 TLC 分析混合物
- 硅胶柱的装填
- 在硅胶柱中添加粗产品混合物
- 用硅胶柱分离简单的混合物

【实验前的讨论与阅读要求】
- 柱色谱的原理：参见"目标化合物的分离提纯（柱色谱）"部分。
- TLC－极性/溶剂体系：参见"目标化合物的分离提纯（薄层色谱）"部分。
- 硅胶柱的制备。
- 柱中粗产品混合物的添加。
- 柱色谱的操作。

【装置】
- 色谱柱
- 100 mL 圆底烧瓶
- 试管 18 支×150 mm
- 试管架
- 薄层色谱板和点样器
- 紫外灯
- 大号塑料漏斗

【目标】
- 用硅胶柱色谱方法提纯一个受污染的化合物。

【实验要点】
- 你将拿到 2 mL 受少量 4-甲氧基苯甲醛污染的 4-甲氧基-2′,4′-二羟基查尔酮乙酸乙酯溶液。
- 制备一个 TLC 分析样品，并以石油醚/乙酸乙酯为溶剂进行 TLC 分析。
- 记录石油醚/乙酸乙酯不同配比（10∶1、5∶1、2∶1）的 R_f 值。
- 配制 1500 mL 石油醚/乙酸乙酯（5∶1）混合液。
- 用 200 g 200～300 目的硅胶，加入适量石油醚/乙酸乙酯（5∶1）混合液，湿法装柱。
- 将拿到的样品溶液加入柱中。分别用 1 mL 正戊烷冲洗试样瓶三次，并用此清洗液淋洗柱壁。
- 用石油醚/乙酸乙酯（5∶1）进行淋洗，过柱。用试管收集洗脱馏分。

- 用 TLC 分析洗脱馏分,参见"目标化合物的分离提纯(薄层色谱)"部分。
- 浓缩含有纯 4-甲氧基-2',4'-二羟基查尔酮的洗脱馏分。
- 称量所得的产物,并准备 HPLC 分析所用的试样。
- 测试纯样品的 TLC 和 HPLC 色谱图。

【结果】

- 在色谱柱纯化法实验技术中,你必须能收集到至少 20 mg 的纯 4-甲氧基-2',4'-二羟基查尔酮,且样品的色谱纯度至少达到 95%以上。请将产品交给指导教师,以验证其重量和纯度。

第三章 计算机辅助药物设计

实验一 Gaussian 的分子优化

计算化学的主要目标是依据化学规律利用有效的数学近似以及电脑程序计算分子的性质,并用以解释一些具体的化学问题。Gaussian 是目前计算化学领域内最流行、应用范围最广的商业化量子化学计算程序包。它最早是由美国卡内基-梅隆大学的 John A. Pople(1998 年诺贝尔化学奖得主)主导开发的,最新版本为 Gaussian 16。通过此软件我们可以研究模拟许多化学问题,包括分子的平衡结构及过渡态结构、化学反应机制、分子间相互作用、激发态、各种光谱等。在计算模型之前,我们需要根据现有的计算条件、模型的大小以及所要解决的问题,选择可行的计算方法和相应程序,在实际操作中对于较大的分子可以选择精确度较低的计算方法,而对较小的分子可以选择精确度较高的计算方法。目前 Gaussian 软件包所支持的模拟方法有:分子力学方法、半经验方法、从头计算方法(HF、MP2、CCSD、CASPT2)、密度泛函方法(DFT)等。本章的主要目的是从实际操作出发,掌握程序的基本使用,以便得到预期的结果。

表 3-1 分子模拟方法的适用范围

	最大原子数	可计算量		最大原子数	可计算量
分子力学	2000~100 万	粗略的几何结构	MP2	20~50	能量(弱,氢键)
半经验	500~2000	几何结构(有机分子)	CCSD(T)	10~20	精确能量(弱作用)
HF(DFT)	50~500	能量(含过渡金属)	CASPT2	<10	磁性(多个多重度)

在自然条件下,体系倾向于以能量最低的形式存在,也就是我们常说的最稳定的几何结构。结构优化是化学计算的基础,任何性质的计算都是在已优化好的分子结构上进行的。在模拟中,分子的几何结构数据无论是来自分子图形软件的构建还是来自晶体结构,都会存在一些不合理的地方,所以首先要进行几何结构优化模拟,才能进行其他类型的性质计算(表 3-1)。在本次实验中,你将尝试使用 Gaussian 程序完成对优化分子几何结构的程序输入及计算结果的解读。

【实验技能】
- 使用分子图形软件 Gauss View 构建分子模型。
- 使用 Gaussian 计算程序进行分子结构优化。

【实验前的讨论】
- 各种模拟方法所适用的分子尺度。
- 几何结构优化的含义。
- Gaussian 程序中部分关键词的意义,如:Opt、Freq、NMR。

【目标】
- 掌握 Gaussian 程序对丙醇分子进行优化。

【实验软件】
- Gauss View 分子图形可视化软件
- Gaussian oqw 程序包

【实验要点】
- 首先，用分子图形软件 Gauss View 构建所需要的分子模型，本节以丙醇为例，在菜单栏中可以选择不同的原子和片段（图 3-1）。

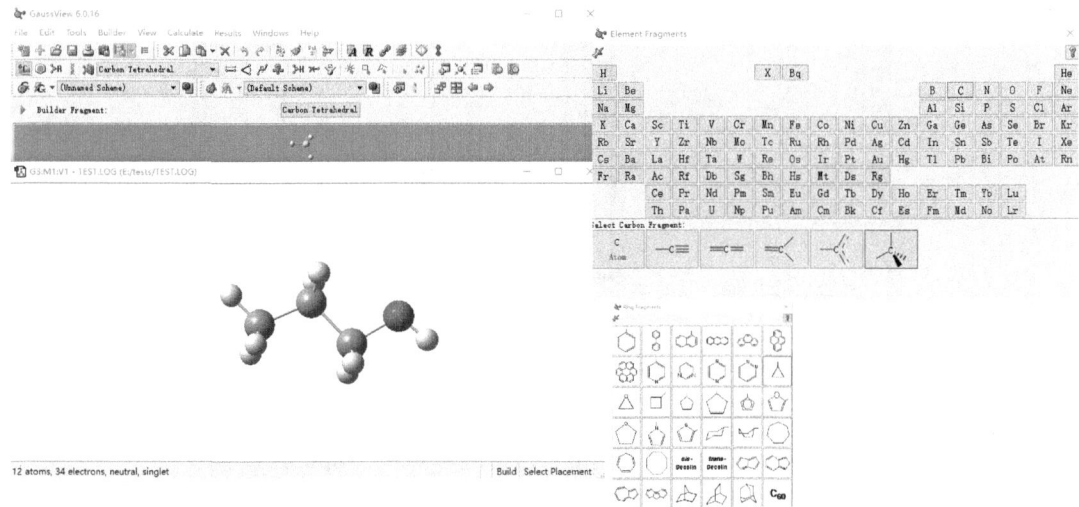

图 3-1　丙醇分子模型

- 点开菜单栏 Calculate 选项，在 Gaussian Calculation Setup 中设置计算方法与计算任务。Job Type 选项卡中的关键词有几何优化（Opt）、频率分析（Freq）、内禀反应坐标（IRC）、核磁计算（NMR）等。本节的计算任务为几何结构优化和频率分析，在 Job Type 选项卡选择 Opt+Freq 选项。Method 选项卡中的计算方法有分子动力学（Mechanics）、半经验算法（Semi-empirical）、密度泛函方法（DFT）等。本节选择半经验算法的 PM6 方法（Semi-empirical >> Default Spin >> PM6）。设置完成后点击 Submit，保存并运行（图 3-2）。

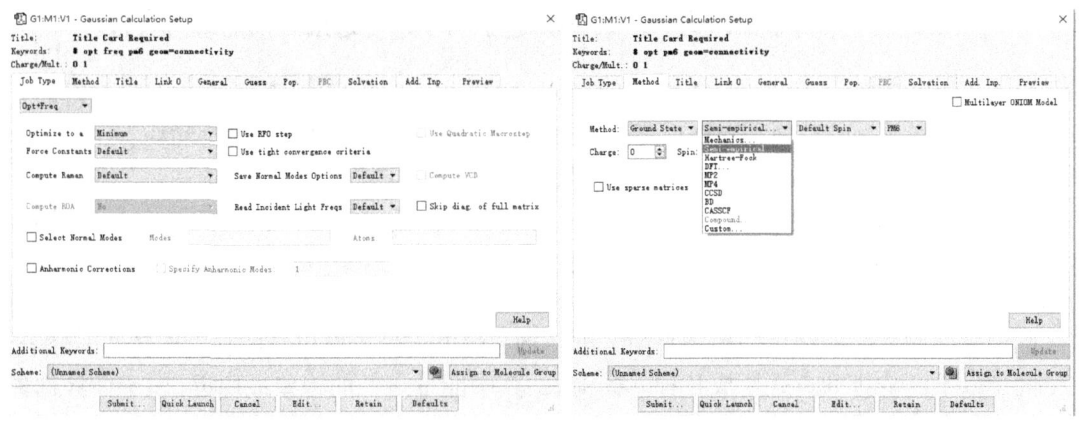

图 3-2　Gaussian Calculation Setup

● 计算结束后，用 Gauss View 打开生成的以.log 为后缀名的输出文件，观察优化后的分子结构与初始结构相比有哪些变化，并从 Result >> Summary 中查看热力学数据；在 Result >> Vibrations 中查看键伸缩振动频率与红外吸收强度，并在 Vibrations >> Spectra 中查看计算所得的红外光谱（图 3-3）。

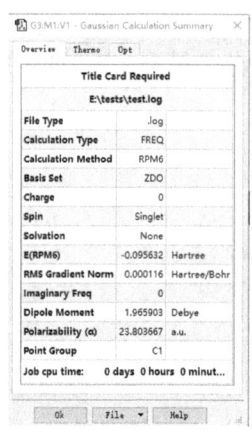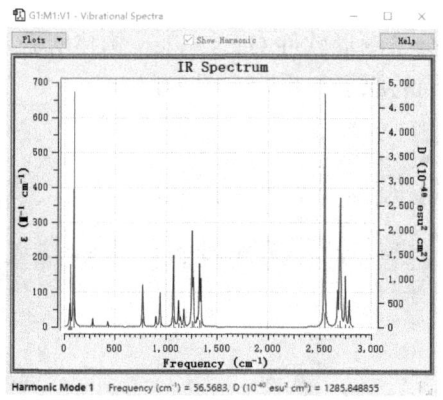

图 3-3　输出文件

【注意事项】

● 中性有机分子的电荷（Charge）为"0"，自旋多重度（Spin）通常为"1"。

【结果】

● 优化的丙醇分子势能（E）和吉布斯自由能（G）为：

E=–0.956324 Hartree

G=–0.028623 Hartree

【思考题】

● 分别优化出环己烷的椅式构象与船式构象。
● 比较环己烷的椅式构象与船式构象的能量。

实验二　有机小分子的构建、构象搜索与能量优化

化学药物以化合物为其物质基础，一般都具有明确的化学结构。在本次实验中，我们将学习如何构建化学药物的结构。有机小分子的结构可以分为三个级别，即一维结构、二维结构、三维结构。一维结构只用原子排列表示，如甲醇可以记为 CH_3OH。二维结构记录了成键情况，如在药物化学教材中显示的药物结构式。三维结构还包括了各原子的空间排布，可以通过 PyMOL 或 Chem3D 等软件查看。常用的绘制小分子的软件有 ChemSketch、ChemDraw、GaussView 等。

画图软件所绘制的结构一般为平面二维结构，而由于分子中单键的自由旋转，小分子会在空间中以不同的排列方式形成各种立体构象。其中能量最低的构象最稳定，属于优势构象。而药物在与靶点结合时，由于"诱导-契合"作用，会发生一定的结构互补。将药物与靶点结合时采取的构象称为药效构象。药物的优势构象与药效构象并不一定相同。但是，药物在结合时，由优势构象转向不稳定构象需要一定的能量，这可以由药物与靶点相互作用所释放

的作用能补偿。因此，药效构象与优势构象之间的能量差，将影响药物与靶点的结合力。最理想的状态就是药物的药效构象即是其优势构象，这样可以避免能量损失，成为药物设计时一个重要的方向。因此，在研究药物分子的结构时，需要寻找体系能量极小的状态，即利用软件对其进行能量优化。

常用的基于分子力学进行能量优化方法有最速下降法（steepest descent method）和共轭梯度法（cojugate gradient method）等。但是一般情况下，这些方法只能找到初始结构附近的局部极小结构，体系不可能跨越较大的势垒，不能找到全局极小结构。因此，我们对小分子化合物进行构象的搜索，寻找到一定数量的初始结构，然后通过能量优化获得各个构象的能量局部极小结构。

【实验要求】

- 熟悉小分子的 2D 与 3D 结构。
- 掌握小分子的绘制、构象搜索与能量优化方法。

【实验技能】

- 利用 ChemSketch 软件绘制小分子化合物结构。
- 利用 Open Babel 软件搜索小分子构象。
- 利用 Open Babel 软件进行小分子化合物的能量优化。

【实验软件】

- ChemSketch2019
- Open Babel3.1.1
- PyMOL（Open Source 2.4.0）

【实验要点】

- 小分子 2D 与 3D 结构的构建：打开 ChemSketch，使用软件界面所提供的快捷工具，绘制地西泮、多奈哌齐、卡托普利、塞来昔布、阿托伐他汀的分子结构，并分别以默认格式保存。打开 Open Babel 软件，将所绘制多奈哌齐分子导入软件，勾选构建 3D 结构，并保存为 mol2 格式文件。
- 使用遗传算法（genetic algorithm）进行构象搜索，属于系统式搜索最低能量构象的方法：Open Babel 软件的构象搜索与能量优化功能需命令行执行。在保存小分子文件的文件夹按 shift 和鼠标右键，打开 Power Shell，输入命令执行 obabel 的操作：obabel lig.mol2 -O lig_conformers.sdf --conformer --nconf 30 --writeconformers。

lig.mol2：用于生成构象的分子，lig 为统称，需采用所绘制分子的具体名称，如所画为地西泮，则可以命名为 Diazepam.mol2；-O：输出结果；--conformer：采用遗传算法进行构象搜索；--nconf：生成构象数量；--writeconformers：将所有构象写入输出文件。

- 使用 Confab 进行构象搜索，属于随机性搜索方法：obabel lig.mol2 -O lig_conformers2.sdf --confab --conf 10000。
- 小分子能量优化：通过 Open Babel 的命令功能执行能量最小化：obabel lig_conformers.sdf -O lig_min1.mol2 --minimize --steps 2500 --sd --ff MMFF94。

lig_conformers.sdf 为待处理的输入文件，即第二步生成的多构象文件；-O 为输出文件；

--minimize 表示执行能量最小化程序；--steps 为运行步数；--sd 表示采用最速下降法进行优化；--ff 为所采用的力场。

对上一步输出的分子，再一次用共轭梯度法进行能量最小化：obabel lig_min1.mol2 -O lig_min2.mol2 --minimize --steps 2500 --ff MMFF94 这里去掉了--sd，采用软件默认的共轭梯度法进行能量优化。

● 3D 结构查看：将原始结构，能量优化后的结构均导入 PyMOL 中，查看结构差异，点击"play"查看不同构象，并与初始构象进行比较。

【注意事项】

● 绘制小分子 2D 结构时，可以直接使用相同的字母输入对应的原子，如按"O"键可以直接在光标位置绘制氧原子，按"N"绘制氮原子等。

● 运行 obabel 时，输入命令时注意字母的大小写及空格。

● 构象生成的数目或能量优化的步数需根据实际实验需求进行修改。

【思考题】

● 什么是药物分子的低能量构象与药效构象，两者之间有何关系？分子进行能量最小化有哪些方法？

● 能量优化时最速下降法和共轭梯度法分别是什么，有何区别？

● 构象搜索不同的方法各有何特点？

● 同一分子为什么会产生很多构象？

实验三　化学小分子 ADMET 性质预测

新药发现和开发具有高风险、高成本、高失败率等特点。据工业统计数据，平均每 10000 个新化学实体中只有 1 个化合物最终可能成为药物。而造成药物研发失败的主要原因中，药代动力学性质和毒性问题所占的比例接近 50%。理想的药物候选物应该具有良好的口服吸收（absorption）、分布（distribution）、代谢（metabolism）和排泄（excretion）等药代动力学性质，还需具有极低的毒性（toxicity）。药物化学家将以上性质简称为药物的 ADMET 性质。

因此，在药物研发的早期，尽可能地对药物的 ADMET 性质，特别是毒性进行预测研究，可以大大以降低研发成本，提高成功率。采用计算机方法预测化合物的 ADMET 性质，是生物实验评价方法一种有效的辅助手段，有助于提高药物研发的成功率，帮助药物研发人员更方便、快速地开展科研业务。

传统的 ADMET 性质预测主要采用了定量构效关系（QSAR）的方法，即依据已知化合物的性质建立具有预测能力的数学模型，来预测未知分子的各项性质等。随着人们对代谢和药物毒性的认识加深，更多的针对代谢酶（如 CYP450）或与毒性相关的靶点（如 HERG 等）的 QSAR 模型或基于受体的模型也被建立起来。新化学分子在代谢酶抑制、肝毒性、心脏毒性等方面的作用均可以通过软件进行预测。近期随着 AI 技术的迅速发展，研究人员也致力于基于 AI 技术的 ADMET 预测方法的开发，并且取得了一定进展，部分国内外实验室建立的模型还提供免费在线使用权限，并且也在不断改进优化。计算机辅助药物设计的软件如 Discovery Studio、Schrödinger Suites 等均可以实现 ADMET 性质的预测。此外，还有很多的在线服务器可以免费实现 ADMET 性质的预测，如 SwissADME、admetSAR、ADMETlab 等。

【实验要求】
- 掌握药物分子 ADMET 性质的概念。
- 掌握药物分子 ADMET 性质的预测方法。

【实验技能】
- ADMET 性质预测。

【实验软件】
- ChemSketch，admetSAR 在线服务器

【实验要点】
- 打开 http://lmmd.ecust.edu.cn/admetsar2/，进入 admetSAR 在线服务器。主页显示可以绘制分子或者提供分子的 SMILES 字符串，并进行性质预测。这里我们采用 SMILES 字符串。
SMILES 为简化分子线性输入规范，是一种用 ASCII 字符串明确描述分子结构的规范。SMILES 用一串字符来描述一个三维化学结构，并且可以被大多数分子编辑软件导入并转换成二维图形或分子的三维模型。
- 打开 ChemSketch 软件，分别绘制地西泮、多奈哌齐、卡托普利、塞来昔布、阿托伐他汀的分子结构。单独选中一个药物分子结构，然后依次点击 "tools-Generate-SMILES Notation" 生成小分子的 SMILES 字符串，选中并复制，粘贴到 admetSAR，在网页中点击 "Predict"，运行结束后自动显示出预测结果。
- 下载预测结果，逐个查阅各个指标所代表含义及其预测结果。结果中 "+" 表示阳性或有毒性，"–" 表示阴性或无毒性。

【注意事项】
- 要正确绘制分子结构，任何一个原子或键的错误都会导致结果出现明显偏差。
- ADMET 性质的预测可作为参考，但不能代替实验数据。

【思考题】
- 分别采用直接绘制的分子结构与进行能量优化后的结构进行预测，结果是否相同？
- 不同的程序对同一分子预测的结果是否相同？
- 从美国国家生物技术信息中心网站（NCBI）的 PubChem compounds 板块获取以上药物各项性质的实验数值，并与预测数值相比较，是否有显著偏差？

实验四 蛋白质的立体结构

蛋白质是生命的物质基础。特别是药物所作用的常见靶点，如酶、受体、离子通道等均属于蛋白质。随着蛋白质结晶技术和 X 射线晶体衍射等结构解析技术的飞速发展，目前研究人员已经获得了大量的蛋白质与药物相互作用的共晶复合物。那么，分子量仅仅几百的化学小分子药物是如何与生物大分子相互结合的？两者在 3D 空间中处于何种状态？

我们知道，蛋白质具有一级、二级、三级、四级结构。蛋白质的一级结构为其确切的氨基酸序列；二级结构为肽链按一定的规律卷曲（如 α-螺旋）或折叠（如 β-折叠）形成特定的空间结构；三级结构是在二级结构或者超二级结构甚至结构域的基础上，进一步盘绕，折叠所形

成的特定空间结构;四级结构为具有三级结构的多肽链按一定空间排列方式结合在一起形成的聚集体。本次实验将通过 3D 图形软件 PyMOL,以 360° 旋转、放大或缩小等方式查看蛋白质的 α 螺旋、β 折叠、β 转角和 loop 等二级结构,以及这些结构的卷曲、折叠等状态,并熟悉蛋白质氨基酸肽链的不同显示方式,绘制精美的蛋白质-配体作用图片。

【实验要求】

● 掌握蛋白质的不同显示方式以及蛋白质-配体相互作用图的绘制。

【实验技能】

● 从蛋白质数据库下载蛋白质 pdb 文件。
● 从图形软件熟悉蛋白质三级结构与电子表面。
● 以不同的方式显示结合区域的蛋白质和药物分子结构并构建相互作用。

【实验软件】

● PyMOL（Open Source 2.4.0）

【实验要点】

● 下载并查看蛋白质结构：进入 RCSB 蛋白质数据库（Protein Data Bank），通过关键词"Acetylcholinesterase"或"Donepezil"检索下载乙酰胆碱酯酶与抗老年性痴呆药物多奈哌齐的共晶结构。找到 PDB ID 为 4ey7 的蛋白，下载蛋白质 pdb 文件，并导入 PyMOL 软件中。通过鼠标调整画面，查看整体结构以及 α 螺旋、β 折叠和 loop 等二级结构的 3D 结构。可以看出该蛋白质文件为其二聚体形式，包含若干小分子配基以及水分子。点击软件右下角"S"功能，显示蛋白质氨基酸序列，左右拖动可以看到该蛋白质包含 A 和 B 两条链，在每条链的氨基酸右侧依次显示为配基和水分子。

● 更改蛋白质显示方式：现在软件显示的是二聚体蛋白，我们仅需要其中一个单体，并调整其显示方式，以方便深入分析结构。单击更改右下角"selecting"模式为"Chains"，然后点击"A"链中任一个氨基酸，整个"A"链即被选中。在软件右侧区域将选择的对象自动命名为"sele"，点击"A"功能中的"rename"功能，重命名为"Chain_A"。

在 PyMOL 软件右侧中间区域为各个对象，"all"代表所有对象，"4ey7"为打开的蛋白，"Chain_A"为刚才重命名的蛋白 A 链。在每个对象后面均依次有"A""S""H""L""C"五个功能选项，分别代表了操作（Action）、显示（Show）、隐藏（Hide）、标记（Label）、颜色（Color）。通过点击不同的按钮，我们就可以分别对每个对象进行独立的处理，从而制作高品质精美的蛋白质图片。该软件的作者宣称，在所有正式发表的科学文献中的蛋白质结构图像中，有四分之一是使用 PyMOL 来制作。

首先操作对象"all"，点击"H-everything"，将所有信息隐藏。然后点击"Chain_A"后的"A-zoom"，使即将要显示的 A 链处于图形界面中央。点击"S-as-lines"，以所有氨基酸化学键的方式显示蛋白，通过鼠标进行放大、缩小、旋转等操作进行查看。重复上一步操作，尝试以其他形式显示，熟悉蛋白质的不同显示方式。通过 C 功能给蛋白设置不同的颜色。最后点击左上方"draw/ray"功能，更改分辨率为 300dpi，取消选择透明背景，然后点击"ray"追加光线，并保存图片。

● 显示蛋白质-配体作用方式：为了更清晰地显示药物与靶标的作用，我们将通过不同颜色来显示药物分子与周围少量氨基酸,并隐藏其余结构,然后构建相互作用力。

通过 S-organic-sticks 显示出配体。药物多奈哌齐作用于蛋白质内部。更改右下方选择模式为"residues",然后点击画面选择多奈哌齐,重命名为"donepezil"并按元素类型改色。选择其他小分子配体并将其隐藏。重新选择配体多奈哌齐,在对象"sele"对应的 A-modify-around 扩选周围 4Å 的氨基酸残基,并命名为"binding_site"。隐藏其余信息,仅以"sticks"形式显示多奈哌齐和 binding_site,并分别以不同颜色显示。

通过观察可以发现,蛋白质和配体的结构上是没有氢原子的,这是因为在进行 X 射线晶体衍射时很难解析到氢原子的结构,我们需要通过软件加氢。在命令输入行写入"h_add",并用"enter"键执行,添加所有氢,随后通过 H 下功能将非极性氢隐藏,非极性的氢一般不参与氢键等作用。

接下来显示多奈哌齐与周围残基之间的相互作用。在对象"donepezil",依次选择"A-find-polar contacts-to other atoms in object",执行后以黄色键的形式显示出了作用力。选择对象"binding_site"的"L-residues"功能,标记残基名称。通过调整视野,可以看到多奈哌齐的羰基与 Phe295 的氨基形成了氢键作用,叔胺氮原子与水分子也存在一定极性作用。

回到蛋白质下载的网页,下拉找到配体,显示"ligand interaction"。可以看到除了以上氢键外,多奈哌齐还与 TRP85 和 TRP285 形成了"π-π"作用,与 TYR336 形成了"离子-π"相互作用。在 PyMOL 软件中并没有显示这些作用力,需手动绘制。在命令输入行输入"import center_of_mass",导入质心文件。依次选择要制作质心的苯环的六个原子,输入"com sele",在苯环中心生成质心。点击软件上方工具栏 Wizard-measurement,然后依次点击需要构建作用力的两个原子或质心。该功能会自动测量原子距离,通过对应的 H-label 功能隐藏距离。

最后在"edit"工具中设置背景颜色为白色,在"setting"工具中设置 label 的字号为 18,字体为"Sans Bold"。通过按住"shift"键及鼠标左键,上下或左右移动,调整视野。点击右下方"Mouse Mode",改为"3-Button Editing",按住"ctrl"键,通过鼠标左键依次调整每个残基名称的位置,使其显示清晰。点击左上方"draw/ray"功能,更改分辨率为 300dpi,取消选择透明背景,然后点击"ray"追加光线,并保存图片。

【注意事项】

● PyMOL 软件进行选择前要单击空白位置取消当前选择。

● 每一个对象均可单独进行显示、隐藏、颜色等操作,在使用时要注意正确选择需要调整的对象。

● PyMOL 不能显示蛋白质与配体的所有作用力,在作图前需结合其他软件或在线服务器进行观察分析。

【思考题】

● 什么是蛋白质的 PDB ID?

● 为什么下载的 PDB 文件会包含多聚体形式,乙酰胆碱酯酶在体内是以什么形式发挥活性?

● 蛋白质可以用哪些方式显示?还有哪些软件可以查看蛋白质结构?

● PyMOL 可以单独调节单个对象的"cartoon"形式或"sticks"粗细、颜色等,尝试分别给蛋白质和配体设置不同的"sticks"粗细和颜色,制作新的图形。

实验五　蛋白质同源模建

在开展药物设计或者分子模拟工作中，明确的蛋白质结构是非常有利的，结构的好坏直接影响后期实验的可信程度。尽管目前已经有很多的蛋白质晶体结构被成功解析，但仍有许多重要的蛋白质结构未被解析。因此，人们需要通过理论计算的手段从蛋白质的一级结构来预测其三级和四级结构，由此开发了许多蛋白质模建的方法，其中应用最多的为同源模建，指的是以已知三维结构的蛋白质为模板，建立其同源蛋白质的三维结构。同源蛋白质为属于同一蛋白家族的蛋白质。同源蛋白质往往具有结构保守性，有着相似的空间折叠方式和相似的生物功能，因此可以通过已知结构的蛋白质预测未知结构的同源蛋白质。

依据原理，通过同源模建预测蛋白质结构大体分为三个步骤。

第一步为目标蛋白质序列与模板氨基酸序列的比对。如只有一个模板的情况下，将两个蛋白质的序列进行比对，每个序列中氨基酸按顺序用大写英文字母表示并通过上下两行一一对应，通过一定的算法使上下两条序列中相同的残基最大限度地出现在同一位置。两条序列同一位置上相同的残基数量越多，说明两个蛋白质同源性越高。序列相似性为比对中相同和相似的残基的占比，建立模型一般要求模板和目的蛋白质的序列相似度要高于30%。

第二步为预测主链及侧链结构并建立目标结构。所采用的建立模型软件或服务器将依据模板的三维结构以及数据库搜索等方法，建立主链与侧链结构，并最终生成目标蛋白质的立体结构。

第三步为结构优化与验证。通过预测方法得到的蛋白质三维结构模型一般含有较多的不合理的原子间的接触和碰撞，因此，需要进行能量优化以获得更加合理的结构，可以采用分子力学的方法或分子动力学的方法进行。优化后的结构还需要拉氏图检验氨基酸中的φ和ψ二面角分布，并显示在图形中不同的区域。一般而言，所预测的蛋白质中90%以上残基落在结构允许的合理区域或较合理区域时，认为该蛋白质结构是合理的。

目前已开发出很多同源模建工具，如 Modeller、Discovery Studio、Tripos Sybyl 以及在线 Swiss-Model、I-TASSER 等。本次实验将采用 Swiss-Model 在线服务器，以乙酰胆碱酯酶为模板，建立丁酰胆碱酯酶的三维结构，并与 X 射线晶体衍射获得真实结构进行比较。

【实验要求】

- 掌握同源建立模型技术。
- 掌握蛋白质叠合与比较的方法。

【实验技能】

- 蛋白质氨基酸序列的获取与比对。
- 蛋白质 3D 结构的预测
- 蛋白质结构叠合。

【实验软件】

- PyMOL（Open Source 2.4.0）软件
- Swiss-Model 服务器
- Swiss-PDBViewer 4.1.0 软件

【实验要点】

- 序列获取与比对：进入美国国家生物技术信息中心网站（NCBI）的 protein 版块，分别检索乙酰胆碱酯酶和丁酰胆碱酯酶，下载人源的 fasta 格式的氨基酸序列。回到 NCBI 主页，点击"blast"，选择"Global Align"进入序列比对功能，然后选择蛋白质的比对，分别上传两个序列，执行比对，网站自动输出结果。点击"Alignments"，可以看到两个蛋白质具有很高的同源性，网站也自动将比对好的序列显示出来。

- 建立模型：进入 Swiss Model 主页（https://swissmodel.expasy.org/），直接点击"开始"进入建立模型界面，选择"User Template"，由用户自己提供模板。在这里，我们上传需要建立模型的丁酰胆碱酯酶的序列 fasta 文件，然后上传模板乙酰胆碱酯酶的蛋白质 pdb 文件（PDB ID：4ey7，注意不是序列文件）。点击建立模型，待完成后网站自动跳转到结果界面，下载目标蛋白质的 pdb 文件。

- 模型结构优化与检验：用 Swiss-PDBViewer 4.1.0 打开构建的蛋白质，点击"Ctrl+A"选中所有氨基酸，选择最上面一排工具栏中的"Tools–energy minimazition"，进行能量最小化，结束后选择"Wind–Ramachandran Plot"，显示拉氏图，可以看到仅有很少的残基位于蓝色区域之外，约占总氨基酸数目的 2.9%，说明绝大多数氨基酸残基处于较合理的状态，将该模型保存用于进一步分析，命名为"model_min"。

- 蛋白结构叠合分析：用 PyMOL 软件同时打开建立的模型和丁酰胆碱酯酶的真实晶体结构文件（PDB ID：4bds）。打开后在对象 4bds 对应的"A"功能区，选择"remove waters"，除去原晶体中的水分子。然后依然在对象 4bds 对应的"A"功能区，选择 align–to molecule–model_min。这时我们需要重新调整画面，使叠合后的结构在界面中央显示。在对象"Model_min"的"A"功能区，选择"Center"即可。随后我们隐藏 4bds 中的配基以方便查看，点击"H–sticks"及"H–Spheres"。此时可以看到主界面中两个蛋白质叠合到了一起，并且具有非常相似的立体结构，可以通过鼠标转动、放大、缩小进一步仔细查看。

- 局部显示：点击"S–Organic–Sticks"，重新以"Sticks"形式显示蛋白质 4bds 中的配基。找到并选中药物他克林，扩选其周围 4Å 的残基，以"Sticks"形式显示。放大他克林结合区域进一步查看所建模型与真实结构的差异，可以隐藏 4bds 中其他配基，并更改两个蛋白质颜色，更加方便检查。最后通过 PyMOL 生成并保存叠合后的全蛋白质图像以及结合区域的局部图像。

【注意事项】

- 建立模型前可以通过 NCBI 的"blast"功能寻找到同源性高的模板蛋白质，模板蛋白质要有已知的三维结构。
- 蛋白质序列长度一般存在差异，检查序列比对结果，目标蛋白质是否存在较长无模板的区域，可以采用多个模板进行建立模型。
- 建立的模型需要通过分子力场、分子动力学模拟等方法进行能量优化，以获得更加合理的结构。
- 建立的模型一般用于未知晶体结构的蛋白质的三维结构预测，无需执行本次实验中蛋白质结构叠合分析和局部显示这两个步骤，但是依然要对整体和局部进行仔细分析，以用于后期研究。

【思考题】

- 建立较可靠的蛋白质三维结构，需要哪些前提条件？
- 如果已知蛋白质序列中二硫键信息，能否在建立模型过程中预先限定这些二硫键？

- 蛋白质三级结构在药物设计中具有哪些应用？

实验六　分　子　对　接

分子对接（molecular docking）是计算机辅助药物研究领域的一项重要技术，属于基于结构的药物设计方法，研究小分子配体与受体生物大分子之间的相互作用、结合模式及结合亲和力。分子对接利用药物作用的"锁钥原理"，将配体小分子放到受体活性位点处，采用模拟退火或遗传算法等不同的方法，不断优化配体的位置、构象、分子内部可旋转键的二面角和受体的氨基酸残基侧链和骨架，寻找配体小分子与受体作用的最佳构象。然后利用不同的打分函数，预测配体与受体的结合模式和亲和力。

目前已经有非常多的商业化和免费的软件以及在线服务器可以实现分子对接，如 DOCK、Auto DOCK、CCDC GOLD、Glide、Flex X 等。各个软件在对接的精度和速度方面各有特色，均属于科研人员常用的工具。一般情况下，开展分子对接前会先对多个软件进行测试，寻找最适合待研究体系的软件和打分函数。绝大多数分子对接工具均可以实现以下三类分子对接：

（1）刚性对接：参与对接的分子构象不发生变化，仅改变分子的空间位置与姿态，刚性对接方法的简化程度最高，计算量相对较小，适合于处理配体中包含大量分子或者生物大分子之间的分子对接。

（2）半柔性对接：固定大分子的构象，允许对接过程中小分子构象发生一定程度的变化，但是小分子构象的调整也可能受到一定程度的限制，如固定某些非关键部位的键长、键角等，半柔性对接方法兼顾计算量与模型的预测能力，是应用比较广泛的对接方法之一。

（3）柔性对接：柔性对接方法在对接过程中允许研究体系的构象发生自由变化，由于变量随着体系的原子数呈几何级数增长，柔性对接方法的计算量非常大，对计算资源要求高，适合精确考察药物与靶点的结合模式。

在单个配体-受体分子对接的基础上，进一步扩展分子对接技术的应用，将包含几千甚至是几万或几十万的小分子数据库与受体进行分子对接，然后从大量的化合物分子中挑选出结合模式比较合理的、预测得分较高的化合物，用于生物活性测试和结构优化，称为基于受体的虚拟筛选。虚拟筛选技术是发现药物先导化合物的常用手段之一。

Auto Dock 软件是目前文献引用量最大的分子对接软件，具有优秀的对接精度。本实验将使用 Auto Dock4.2 软件进行多奈哌齐与乙酰胆碱酯酶的半柔性分子对接研究。

【实验要求】

- 掌握分子对接技术。

【实验技能】

- 蛋白质的处理与准备。
- 小分子配体的处理与准备。
- 生成分子对接 Grid 文件。
- 执行分子对接。

【实验软件】

- Auto Dock 4.2
- Chem Sketch 2019

- Open Babel 3.1.1
- PyMOL（Open Source 2.4.0）

【实验要点】

（1）配体的准备：在进行分子对接前，先绘制小分子结构，并对其进行能量优化，获得能量相对较低的初始结构。在 Chem Sketch 软件中画出多奈哌齐的结构，并通过 Open Babel 生成 3D 坐标，然后在 MMFF94 力场下，依次进行 2000 步最速下降法和 2000 步共轭梯度法能量优化，最后保存为 pdb 格式。

（2）受体的准备：直接从蛋白质数据库下载下来的蛋白结构一般都包含很多的配基、水分子，并且可能存在二聚体或三聚体的情况。首先以文本查看器打开该乙酰胆碱酯酶蛋白（4ey7）的 pdb 文件，查看 A 链配体多奈哌齐（E20）任意一个原子的空间坐标，并记录，用于对接位点的设定。用 PyMOL 软件打开该蛋白，仔细检查蛋白是否存在多聚体，选中并删除所有配基和蛋白链，仅保留一个单体蛋白。对于晶体中的水，注意在对接前要检查配体与受体相互作用是否有水分子参与，如果有，需要保留相应水分子。本实验直接通过"A"–"remove Waters"功能删除所有水分子。最后将蛋白另存为 pdb 格式。

（3）Auto Dock 受体和配体文件的生成：在 Auto Dock 软件中，我们再次处理受体和配体，并保存成 pdbqt 格式的文件。

用 Auto Dock tools 软件打开处理好的乙酰胆碱酯酶蛋白，点击"edit"，依次执行"atoms–Assign AD4 type"，"Hydrogen–Add"，"Charge–Compute Gasteiger"操作，分别为添加原子类型、加氢、计算电荷。保存为 pdbqt 格式文件。点击"edit–delete–delete all molecules"清屏。

点击"ligand–input–open"，打开优化后的多奈哌齐文件。点击"ligand–Torsion Tree–detect root"。点击"ligand–output–save as PDBQT"，保存配体的 pdbqt 文件并清屏。

（4）定义结合位点：处理好受体与配体文件后，需要在蛋白中定义一个盒子来设定分子对接的位置。点击"grid–Macromolecule–open"打开受体的 pdbqt 文件。弹出对话框后分别点击"NO"、"确定"、"确定"。点击"grid–Grid Box"，设置对接位点和盒子大小。在 x、y、z 三个坐标位置输入第二步处理蛋白时记录下来的坐标。随后点击红、绿、蓝不同颜色的滚轮，再精细调整盒子的大小和位置，使盒子覆盖整个结合口袋，设置时可以另外用 PyMOL 软件查看多奈哌齐所在口袋大小。在该对话框中点击"File–close saving current"。我们将所有设置封装到一个 gpf 文件，用于格点文件的计算。点击"output–save as GPF"，输入文件名为"ache.gpf"，注意后缀也要输入。最后清屏。

（5）生成格点文件：点击"Run–Run AutoGrid"。再点击"Program"后的"Browse"，选择"autogrid4"程序，点击"Parameter"后的"Browse"，打开上一步保存的"ache.gpf"文件，最后点击"launch"，开始运行。运行时界面弹出对话框表示运行状态，运行结束后对话框消失。用文本查看器打开自动生成的"ache.glg"文件，查看运行结果。

（6）设置对接参数：点击"Docking–Macromolecule–Set Rigid Filename"，选择第四步保存的蛋白的 pdbqt 文件，设置对接的受体。点击"docking–Ligand–Open"，打开第五步保存的配体文件，保留对话框，点击"accept"。点击"Docking–Search Parameters–Genetic Algorithm"，采用遗传算法搜索分子构象。点击后弹出参数设置对话框，可以通过改变遗传代数等参数，调整对接的精度。点击"accept"，保持默认设置。点击"Docking–Docking Parameters"，界面弹出对话框，提示设置对接参数，保持默认，点击"accept"。将所有设置封装到 dpf 文件，点击"Docking–output–LamarckianGA（4.2）"，手动输入文件名"ache.dpf"。最后清屏。

（7）执行分子对接：点击"Run–Run AutoDock"，打开对话框，点击对话框中的"Browse"选项，选择"autodock4.exe"程序，选择上一步保存的"ache.dlg"文件，点击"Launch"运行，弹出指示对话框，运行结束时对话框消失，这一步需要运行较长时间。

（8）结果分析：点击"Analyze–Docking–Open"，打开对接所产生的 dlg 文件。此时会在图形界面显示出对接后的配体。为了方便分析，还需要打开蛋白质文件。点击"Analyze-Macromolecule–Open"，打开受体文件。接下来分析构象。点击"Analyze–Conformation–Play"，"ranked by energy"。点中"Show info"和"Build H-bonds"前的选框，显示出具体结合能和结合的氢键信息。点击对话框中数字"1"旁边的按钮，显示不同构象进行比较。通过以上操作，软件会对所有结果自动排序，打分最高的构象编号为"1"。在"Conformation 1 info"对话框会显示具体结合能，配体有效性、结合能具体组成项等详细信息，用于对接结果的分析。此外，还需要直接在图形界面放大结合区域，进行整体构象以及局部作用力的分析。还可以点击对话框中的"Write Complex"，保存蛋白质-配体复合物的 pdb 文件，并通过 PyMOL 软件进行查看分析。

【注意事项】

- 配体需要先进行能量优化或搜索构象后优化所有构象再进行对接研究。
- 受体需要记录对接位点的坐标，如果原蛋白结合位点未知，可以通过其他软件或在线服务器进行预测。
- 保存文件时后缀名一定要输入正确。
- 分析结果时，排序最前的结果并不一定是最可靠的结果，还需对多个构象进行比较分析，并与晶体结构或文献数据对比。

【思考题】

- 药物与靶标结合的作用力都有哪些类型，Auto Dock 对接的详细结果中，结合能的各个贡献项都包含哪些作用力？
- 在 PyMOL 软件中将对接后的复合物与原晶体结构进行比对，比较配体构象之间是否存在较大差异？对接结果是否接近真实药效构象？
- 哪些因素会影响分子对接结果的可靠度？
- 什么是打分函数，其在分子对接中起到什么作用？

第四章 药物合成实验

实验一 苯妥英钠的合成

苯妥英钠为抗癫痫药,适于治疗癫痫大发作和精神运动性发作,也可用于治疗三叉神经痛及某些类型的心律不齐。苯妥英钠的化学名为 5,5-二苯基-2,4-咪唑烷二酮钠盐,分子式 $C_{15}H_{11}O_2N_2Na$,化学结构式为

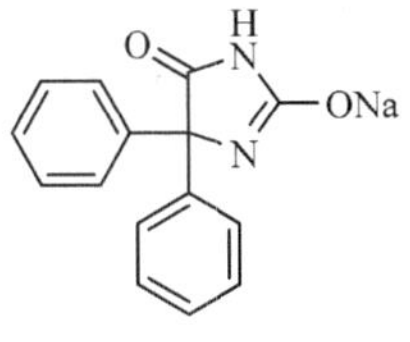

本品为白色粉末,无臭、味苦,微有吸湿性,在空气中渐渐吸收二氧化碳析出苯妥英。苯妥英钠在水中易溶,水溶液呈碱性反应,溶液常因一部分被水解而变浑浊。能溶于乙醇,几乎不溶于乙醚和氯仿。

合成路线如下:

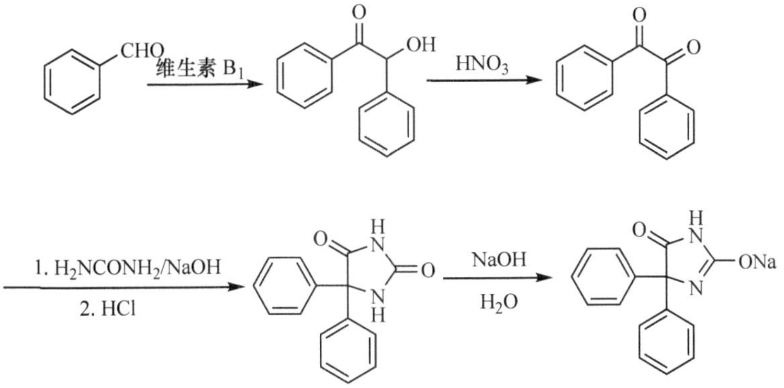

【实验要求】
- 理解安息香缩合反应原理及维生素 B_1 为催化剂进行反应的方法。
- 掌握硝酸的氧化性方面的知识,学习有害气体的排出收集方法。
- 熟悉苯妥英钠的合成路线及操作技术。

【实验技能】
- 安息香缩合反应
- 硝酸氧化反应
- 回流
- 尾气吸收
- 抽滤
- 重结晶及脱色操作

- 熔点测定

【主要实验仪器及装置】

- 磨口三角瓶
- 加热回流装置
- 圆底烧瓶
- 球形冷凝管
- 抽滤瓶及布氏漏斗
- 熔点测定仪

【实验要点】

- 实验前后，进行必要的计算并填写下表。

名称	分子量	密度	熔点（沸点）	质量（体积）	摩尔数
苯甲醛					
维生素 B_1					
NaOH					
乙醇					
安息香					
浓硝酸					
1,2-二苯乙二酮					
尿素					
盐酸					
苯妥英					
苯妥英钠					

1. 安息香的制备

- 在 100 mL 磨口三角瓶中加入 3.5 g 盐酸硫胺（维生素 B_1）和 8 mL 水，溶解后加入 95% 乙醇 30 mL。
- 在室温搅拌下滴加 2 mol/L NaOH 溶液 10 mL，再加入苯甲醛 20 mL。在室温放置一周。
- 抽滤，用冷水洗涤。干燥后得粗品。
- 测定熔点。产品称重，计算收率。

2. 1,2-二苯乙二酮的制备

- 在 100 mL 圆底瓶中加入 8.6 g 粗制的安息香和 40 mL 浓硝酸，安装冷凝管和气体连续吸收装置，用磁力加热搅拌器加热至微沸，随时振摇烧瓶，直至二氧化氮逸去。
- 趁热将反应液慢慢倒入盛有 150 mL 冷水的烧杯中，充分搅拌，直至油状物呈黄色固体，抽滤，用水充分洗涤至中性。
- 粗产品用 95%乙醇重结晶，测定熔点。

3. 苯妥英的制备

- 投料比。二苯乙二酮︰尿素︰15%NaOH︰乙醇︰水=1g︰0.57g︰3.1mL︰5mL︰37mL。
- 将二苯乙二酮、尿素、15% NaOH 溶液及乙醇置于圆底烧瓶中，水浴加热回流 2 h。

- 冷至室温，倒入计算量的水中，搅拌后放置 15 min，滤除黄色二苯乙炔二脲沉淀。
- 滤液用 15%盐酸溶液酸化至 pH 4~5，滤出苯妥英沉淀。干燥。

4. 苯妥英钠的制备

- 将苯妥英粗品加水（每克加 5 mL 水），置于水浴上加热至 40℃，滴加适量 15% NaOH 溶液，使其全溶。
- 60℃以下用活性炭脱色一次，滤液再用活性炭在 60℃以下脱色一次。
- 滤液冷至室温后用冷水冷却，抽滤，用少量冷水（或冷乙醇-乙醚 1∶1 混合液）洗涤，尽量抽干，真空干燥。

5. 质量检查

- 所得产品按《中国药典》规定检查澄明度。取本品 0.5 g，加新煮沸过的冷蒸馏水 20 mL 溶解后，加 0.1 mol/L NaOH 溶液 2 mL，溶液应澄明。

【注意事项】

- 维生素 B_1 在碱性条件下易分解，NaOH 用量需精确。
- 硝酸为强氧化剂，使用时应避免与皮肤、衣服等接触。氧化过程中，硝酸被还原产生大量的二氧化氮气体，应使用气体连续吸收装置，避免其逸至室内影响健康。
- 应控制反应温度，以防止反应激烈造成大量一氧化氮气体自反应体系逸出。
- 制备钠盐时，水量稍多，可使收率受到明显影响，要严格控制水的量。
- 苯妥英钠可溶于水及乙醇，洗涤时要少用溶剂，洗涤后要尽量抽干。

【思考题】

- 安息香缩合反应中常用的催化剂有哪些？
- 安息香缩合反应是否可以加热回流？为什么？
- 安息香氧化成二苯乙二酮时，还可用什么方法？为什么工业生产选硝酸作为氧化剂？
- 苯妥英钠为什么要真空干燥？除澄明度外，检查苯妥英钠产品还应检查什么杂质？

实验二 巴比妥的合成

巴比妥为一种长效安眠药，具有镇静、安眠、抗惊厥及抗癫痫的作用，主要用于神经过度兴奋、躁狂或忧虑引起的失眠。巴比妥为丙二酰脲的衍生物，由丙二酸二乙酯和尿素缩合而成。巴比妥的化学名为 5，5-二乙基巴比妥酸，分子式 $C_8H_{12}N_2O_3$，化学结构式为

巴比妥为无色针状结晶或白色结晶性粉末，无臭，味微苦，熔点 188~192℃。可溶于热水、乙醇、乙醚、氯仿，在氢氧化碱溶液或碳酸碱溶液中溶解。

合成路线如下：

【实验要求】

- 掌握巴比妥的合成，了解丙二酰脲缩环合成的一般方法。
- 掌握无水操作技术。

【实验技能】

- 无水溶剂的制备
- 无水操作
- 回流
- 蒸馏及减压蒸馏
- 萃取
- 重结晶
- 抽滤
- 熔点测定

【主要实验仪器及装置】

- 加热回流装置
- 蒸馏装置
- 圆底烧瓶
- 三颈瓶
- 球形冷凝管
- 直形冷凝管
- 滴液漏斗
- 分液漏斗
- 抽滤瓶及布氏漏斗
- 熔点测定仪

【实验要点】

- 实验前后，进行必要的计算并填写下表。

名称	分子量	密度	熔点（沸点）	质量（体积）	摩尔数
无水乙醇					
金属钠					
乙醇钠					
邻苯二甲酸二乙酯					
丙二酸二乙酯					
溴乙烷					
乙醚					
无水硫酸钠					
二乙基丙二酸二乙酯					
尿素					
盐酸					
巴比妥					

1. 绝对乙醇的制备
- 在装有球形冷凝管（顶端附氯化钙干燥管）的 250 mL 圆底烧瓶中，加入无水乙醇 180 mL，金属钠 2 g 及沸石几粒，加热回流 30 min。
- 加入邻苯二甲酸二乙酯 6 mL，再回流 10 min。
- 将回流装置改为蒸馏装置，蒸去前馏分。用干燥圆底烧瓶做接收器，蒸馏至几乎无液滴流出为止。量其体积，计算回收率，密封贮存。

2. 二乙基丙二酸二乙酯的制备
- 在装有滴液漏斗及球形冷凝管（顶端附氯化钙干燥管）的 250 mL 三颈瓶中，加入制备的绝对乙醇 75 mL，分次加入金属钠 6 g。
- 待反应趋缓时，开始搅拌，加热（温度不高于 90℃），金属钠消失后，由滴液漏斗加入丙二酸二乙酯 18 mL，10～15 min 内加完，然后回流 15 min。
- 当温度降至 50℃ 以下时，慢慢滴加溴乙烷 20 mL，约 15 min 加完，然后继续回流 2.5 h。
- 将回流装置改为蒸馏装置，蒸去乙醇（不要蒸干），放冷，残渣用 40～45 mL 水溶解，转到分液漏斗中，分取酯层，水层用乙醚萃取三次（每次用乙醚 20 mL），合并酯与醚的提取液，再用 20 mL 的水洗涤一次，醚液倾入锥形瓶内，加无水硫酸钠 5 g，放置干燥。

3. 二乙基丙二酸二乙酯的蒸馏
- 将上一步制得的二乙基丙二酸二乙酯乙醚液，过滤，滤液蒸去乙醚。
- 瓶内剩余液，用装有空气冷凝管的蒸馏装置进行蒸馏，收集 218～222℃ 馏分（用预先称量的 50 mL 锥形瓶接收），称重，计算收率，密封贮存。

4. 巴比妥的制备
- 在装有搅拌、球形冷凝管（顶端附氯化钙干燥管）及温度计的 250 mL 三颈瓶中加入绝对乙醇 50 mL，分次加入金属钠 2.6 g，待反应趋缓时，开始搅拌。
- 金属钠消失后，加入二乙基丙二酸二乙酯 10 g，尿素 4.4 g，加完后，随即使反应液升温至 80～82℃。停止搅拌，保温反应 80 min（反应正常时，停止搅拌 5～10 min 后，料液中有小气泡逸出，并逐渐呈微沸状态，有时较激烈）。
- 反应完毕，将回流装置改为蒸馏装置。在搅拌下慢慢蒸去乙醇，至常压不易蒸出时，再减压蒸馏尽。
- 残渣用 80 mL 水溶解，倾入盛有 18 mL 稀盐酸（盐酸：水=1∶1）的 250 mL 烧杯中，调 pH 3～4 之间，析出结晶，抽滤，得粗品。

5. 巴比妥的精制
- 粗品称重，置于 150 mL 锥形瓶中，用水（16 mL/g）加热使溶，加入少许活性炭，脱色 15 min，趁热抽滤，滤液冷至室温，析出白色结晶，抽滤，水洗，烘干，测熔点，计算收率。

【注意事项】
- 本实验中所用仪器均应提前彻底干燥，操作及存放时，必须防止水分侵入。
- 制备绝对乙醇所用的无水乙醇，水分不能超过 0.5%，否则反应相当困难。
- 取用金属钠时需用镊子，先用滤纸吸去沾附的油后，用小刀切去表面的氧化层，再切成小条。切下来的钠屑应放回原瓶中，切勿与滤纸一起投入废物缸内，严禁金属钠与水接触，以免引起燃烧爆炸事故。

- 检验乙醇是否有水分，常用的方法是：取一支干燥试管，加入制得的绝对乙醇 1 mL，随即加入少量无水硫酸铜粉末。如果乙醇中含有水分，则无水硫酸铜变为蓝色硫酸铜。
- 蒸乙醇不宜过快，至少需要 80 min，反应才能顺利进行。
- 加入邻苯二甲酸二乙酯的目的是利用它和 NaOH 进行反应，避免乙醇和 NaOH 生成的乙醇钠再和水作用，这样制得的乙醇可达到极高的纯度。
- 溴乙烷的用量也要随室温而变。当室温在 30℃左右时，应加 28 mL 溴乙烷，滴加时间应适当延长，若室温在 30℃以下，可按本实验要求投料。
- 温度降至 50℃以下时，再慢慢滴加溴乙烷，以免溴乙烷的挥发及生成乙醚的副反应发生。
- 尿素需在 60℃干燥 4 h。

【思考题】

- 制备无水试剂时应注意什么问题？为什么在加热回流和蒸馏时冷凝管的顶端和接收器支管上要装氯化钙干燥管？
- 使用金属钠时必须注意什么？
- 本实验用水洗涤提取液的目的是什么？
- 固体产物常用的精制方法有哪几种？对于液体产物，通常如何精制？

实验三　阿司匹林的合成

阿司匹林为解热镇痛药，用于治疗伤风、感冒、头痛、发热、神经痛、关节痛及风湿病等。近年来，又证明它具有抑制血小板凝聚的作用，其治疗范围又进一步扩大到预防血栓形成，治疗心血管疾病。阿司匹林的化学名为 2-乙酰氧基苯甲酸，分子式 $C_9H_8O_4$，化学结构式为

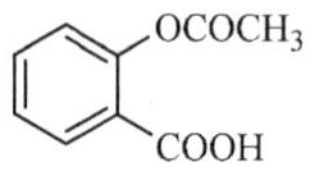

本品为白色结晶或结晶性粉末，无臭或微带乙酸臭，遇湿气即缓慢水解，易溶于乙醇，可溶于氯仿、乙醚，微溶于水，水溶液呈酸性；在 NaOH 或碳酸钠溶液中溶解，并同时分解。熔点为 135~140℃。

合成路线如下：

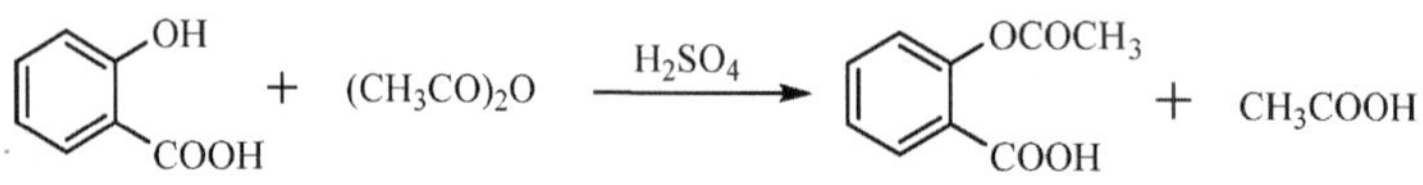

【实验要求】

- 掌握阿司匹林的常用制备方法。
- 掌握酯化反应的原理及应用。
- 进一步巩固重结晶的原理及操作方法。

【实验技能】

- 酯化反应

- 加热
- 抽滤
- 重结晶及脱色操作
- 熔点测定

【主要实验仪器及装置】
- 加热回流装置
- 圆底烧瓶
- 球形冷凝管
- 抽滤瓶及布氏漏斗
- 熔点测定仪

【实验要点】
- 实验前后，进行必要的计算并填写下表。

名称	分子量	密度	熔点（沸点）	质量（体积）	摩尔数
水杨酸					
乙酸酐					
浓硫酸					
乙醇					
阿司匹林					

1. 酯化反应
- 在装有球形冷凝管的 100 mL 反应瓶中，依次加入水杨酸 10 g，乙酸酐 14 mL，浓硫酸 5 滴。开动搅拌，加热，待温度升至 70℃后，维持在此温度反应 30 min。
- 停止搅拌，稍冷，将反应液倾入 150 mL 冷水中，继续搅拌，至阿司匹林全部析出。抽滤，用少量稀乙醇洗涤，压干，得粗品。

2. 精制
- 将所得粗品置于装有球形冷凝管的 100 mL 圆底烧瓶中，加入 30 mL 乙醇，于水浴上加热至阿司匹林全部溶解，稍冷，加入活性炭回流脱色 10 min，趁热抽滤。
- 将滤液慢慢倾入 75 mL 热水中，自然冷却至室温，析出白色结晶。待结晶析出完全后，抽滤，用少量稀乙醇洗涤，压干，置于红外灯下干燥（干燥时温度不超过 60℃为宜），测熔点，计算收率。

3. 水杨酸限量检查
- 取阿司匹林 0.1 g，加 1 mL 乙醇溶解后，加冷水适量，制成 50 mL 溶液。立即加入 1mL 新配制的稀硫酸铁铵溶液，摇匀；30 s 内显色，与对照液比较，不得更深（0.1%）。
- 对照液的制备：精密称取水杨酸 0.1 g，加少量水溶解后，加入 1 mL 冰醋酸，摇匀；加入适量冷水，制成 1000 mL 溶液，摇匀。精密吸取 1 mL 该溶液，加入 1 mL 乙醇、48 mL 水及 1 mL 新配制的稀硫酸铁铵溶液，摇匀。
- 稀硫酸铁铵溶液的制备：取盐酸（1 mol/L）1 mL，硫酸铁铵指示液 2 mL，加适量冷水，制成 1000 mL 溶液，摇匀。

【注意事项】

- 酰化反应实验所用仪器须干燥。
- 重结晶时溶剂的用量。

【思考题】

- 向反应液中加入少量浓硫酸的目的是什么？是否可以不加？为什么？
- 本反应可能发生哪些副反应？产生哪些副产物？
- 阿司匹林精制选择溶剂依据什么原理？为何滤液要自然冷却？

实验四　扑热息痛的合成

扑热息痛，即对乙酰氨基酚，是常用的苯胺类解热镇痛药，临床上用于治疗发热、头痛、神经痛和关节痛等，还是多种抗感冒复方制剂的活性成分。扑热息痛的化学名为 N-（4-羟基苯基）-乙酰胺，又称醋氨酚，分子式 $C_8H_9NO_2$，化学结构式为

$$HO-\text{C}_6\text{H}_4-NHCOCH_3$$

本品为白色结晶或结晶性粉末，无臭、味微苦。易溶于热水和乙醇，溶于丙酮，难溶于水。熔点为 168～172℃。

本品合成视原料及引入取代基先后次序的不同而有多种合成方法。主要步骤是合成中间体对氨基酚，可采用的原料有：苯酚、对硝基氯苯及硝基苯等。

本实验采用硝基苯为原料，用锌粉还原后经过重排反应生成对氨基酚，再酰化制得。合成路线为：

$$\text{PhNO}_2 \xrightarrow{\text{Zn/NH}_4\text{Cl}} \text{PhNHOH} \xrightarrow{\text{H}_2\text{SO}_4} \text{HO-C}_6\text{H}_4-\text{NH}_2 \xrightarrow{(\text{CH}_3\text{CO})_2\text{O}} \text{HO-C}_6\text{H}_4-\text{NHCOCH}_3$$

【实验要求】

- 了解扑热息痛的常用制备方法。
- 掌握还原反应中还原剂的选择。
- 掌握酰化反应的原理和酰化剂的选择。

【实验技能】

- 硝基还原反应
- 重排反应
- 抽滤
- 重结晶操作
- 熔点测定

【主要实验仪器及装置】

- 搅拌装置

- 烧杯
- 抽滤瓶及布氏漏斗
- 熔点测定仪

【实验要点】

- 实验前后，进行必要的计算并填写下表。

名称	分子量	密度	熔点（沸点）	质量（体积）	摩尔数
硝基苯					
氯化铵					
锌粉					
N-苯基羟胺					
浓硫酸					
乙酸酐					
对氨基苯酚					
对乙酰氨基酚					

1. 还原反应

- 在 500 mL 烧杯上装置温度计、电动搅拌器，加入 6 g 氯化铵、150 mL 水，在剧烈搅拌下加入 10 mL 新蒸硝基苯，然后分次加入 13.5 g 锌粉，大约 15 min 加完，温度自动上升，继续搅拌反应 15 min。
- 趁热抽滤，以 50 mL 热水洗涤滤渣。滤液加入食盐饱和，冰浴冷却约 1 h，抽滤，用冷水洗涤，干燥后用苯重结晶，测熔点。称重并计算收率。

2. 重排反应

- 在用冰浴冷却的 500 mL 烧杯中，加入 4 mL 浓硫酸及 30 g 冰，低温下加入上一步得到的 N-苯基羟胺，然后加入 200 mL 水，加热至沸，反应 15 min。
- 放冷，先后用 NaOH 和 NaHCO$_3$ 中和，然后加食盐饱和，析出固体后抽滤，得对氨基苯酚粗品。

3. 乙酰化反应

- 将 5.5 g 对氨基苯酚粗品溶于 15 mL 水中，加入 6 mL 乙酸酐，剧烈振摇，水浴上加热 10 min，冷却后抽滤，冷水洗涤。
- 用热水重结晶后测熔点，称重并计算每个步骤收率及总收率。

【注意事项】

- N-苯基羟胺为不稳定中间体，不宜长时间放置。
- 重排反应操作时，将浓硫酸加入冰中，防止放热过剧并注意其腐蚀性。
- 中和时先用 NaOH，接近中性时改用 NaHCO$_3$ 中和，同时需慢慢加入，防止二氧化碳发生过剧溢出。

【思考题】

- 比较对乙酰氨基酚各种合成途径的优缺点。

实验五　贝诺酯的合成

贝诺酯又名扑炎痛、解热安，为一种新型解热镇痛抗炎药，是由阿司匹林和扑热息痛经拼合原理制成。它既保留了原药的解热镇痛功能，又减小了原药的毒副作用，并有协同作用。贝诺酯适用于类风湿关节炎，急慢性风湿性关节炎、风湿痛、感冒发热、头痛、神经痛及术后疼痛等。贝诺酯化学名为 2-乙酰氧基苯甲酸-4-乙酰氨基苯酯，分子式 $C_{17}H_{15}NO_5$，化学结构式为

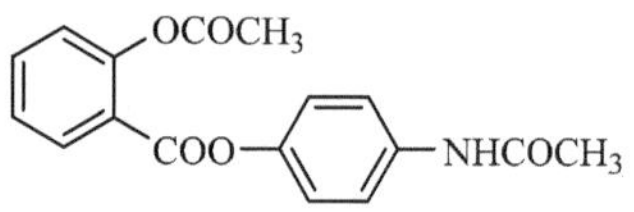

本品为白色结晶性粉末，无臭无味。不溶于水，微溶于乙醇，可溶于氯仿、丙酮。熔点为 177～181℃。

合成路线如下：

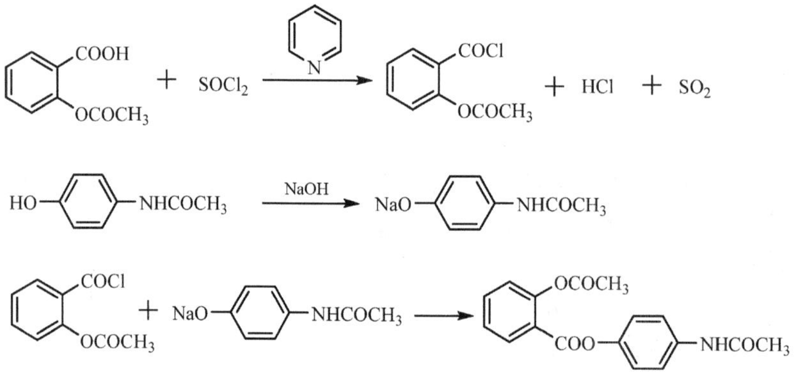

【实验要求】

- 通过乙酰水杨酰氯的制备，了解氯化试剂的选择及操作中的注意事项。
- 了解拼合原理在化学结构修饰方面的应用。
- 了解 Schotten-Baumann 酯化反应的原理。

【实验技能】

- 无水反应
- 有害气体吸收
- 抽滤
- 重结晶
- 熔点测定

【主要实验仪器及装置】

- 圆底烧瓶
- 球形冷凝管
- 干燥管
- 滴液漏斗

- 抽滤瓶及布氏漏斗
- 熔点测定仪

【实验要点】

- 实验前后，进行必要的计算并填写下表。

名称	分子量	密度	熔点（沸点）	质量（体积）	摩尔数
吡啶					
阿司匹林					
氯化亚砜					
无水丙酮					
乙酰水杨酰氯					
对乙酰氨基酚					
NaOH					
乙醇					
贝诺酯					

1. 乙酰水杨酰氯的制备

- 在干燥的 100 mL 圆底烧瓶中，依次加入吡啶 2 滴、阿司匹林 10 g、氯化亚砜 5.5 mL，迅速安装球形冷凝管（顶端附有氯化钙干燥管，干燥管连有导气管，导气管的另一端通到水池下水口）。
- 慢慢加热至 70℃（约 10～15 min），维持温度在 70±2℃，反应 70 min。
- 冷却，加入无水丙酮 10 mL，将反应液倾入干燥的 100 mL 滴液漏斗中，混匀，密闭备用。

2. 贝诺酯的制备

- 在装有搅拌器及温度计的 250 mL 三颈瓶中，加入对乙酰氨基酚 10 g，水 50 mL。
- 冰水浴冷至 10℃左右，在搅拌下滴加 NaOH 溶液（NaOH 3.6 g 加 20 mL 水配成，用滴管滴加）。
- 滴加完毕，在 8～12℃之间，强烈搅拌下，慢慢滴加上一步实验制得的乙酰水杨酰氯丙酮溶液（20 min 左右滴完）。
- 滴加完毕，调至 pH≥10，控制温度在 8～12℃之间继续搅拌，反应 60 min。
- 抽滤，水洗至中性，得粗品，计算收率。

3. 精制

- 取粗品 5 g 置于装有球形冷凝管的 100 mL 圆底烧瓶中，加入 10 倍量（W/V）95% 乙醇，在水浴上加热溶解。
- 稍冷，加活性炭脱色（活性炭用量视粗品颜色而定），加热回流 30 min，趁热抽滤。将滤液趁热转移至烧杯中，自然冷却，待结晶完全析出后，抽滤，压干；用少量乙醇洗涤两次（母液回收），压干，干燥，测熔点，计算收率。

【注意事项】

- 实验中所使用的药品和仪器应事先干燥好。
- 氯化亚砜是由羧酸制备酰氯最常用的氯化试剂，不仅价格便宜而且沸点低，生成的副产物均为挥发性气体，故所得酰氯产品易于纯化。氯化亚砜遇水可分解为二氧化硫和氯化氢，因此所用仪器均需干燥；加热时不能用水浴。
- 反应用阿司匹林需在 60℃干燥 4 h。吡啶作为催化剂，用量不宜过多，否则影响产品的质量。制得的酰氯不应久置。
- 贝诺酯制备采用 Schotten-Baumann 方法酯化，即乙酰水杨酰氯与对乙酰氨基酚钠缩合酯化。由于扑热息痛酚羟基与苯环共轭，加之苯环上又有吸电子的乙酰氨基，因此酚羟基上电子云密度较低，亲核反应性较弱；成盐后酚羟基氧原子电子云密度增高，有利于亲核反应；此外，酚钠成酯，还可避免生成氯化氢，使生成的酯键水解。

【思考题】

- 乙酰水杨酰氯的制备在操作上应注意哪些事项？
- 贝诺酯的制备，为什么采用先制备对乙酰氨基酚钠，再与乙酰水杨酰氯进行酯化，而不直接酯化？
- 通过本实验说明酯化反应在结构修饰上的意义。

实验六　磺胺醋酰钠的合成

磺胺醋酰钠为常用抗菌药物，临床上用于治疗结膜炎、角膜炎、沙眼及其他敏感菌引起的眼部感染等。磺胺醋酰钠的分子式 $C_8H_9O_3N_2NaS \cdot H_2O$，化学结构式为

本品为白色结晶性粉末，无臭，味微苦，在水中易溶，微溶于乙醇和丙酮。

合成路线如下：

【实验要求】
- 掌握磺胺类药物的结构特点及一般理化性质。
- 掌握乙酰化反应的原理，由胺类化合物和乙酸酐反应制备酰胺的方法。
- 熟悉控制反应条件如 pH、温度等的方法，掌握如何利用化合物的理化性质特点来达到分离提纯产品之目的。

【实验技能】
- 乙酰化反应
- 水浴加热
- 抽滤
- 重结晶及脱色操作

【主要实验仪器及装置】
- 水浴加热装置
- 三颈瓶
- 球形冷凝管
- 抽滤瓶及布氏漏斗

【实验要点】
- 实验前后，进行必要的计算并填写下表。

名称	分子量	密度	熔点（沸点）	质量（体积）	摩尔数
磺胺					
乙酸酐					
NaOH					
盐酸					
22.5% NaOH 溶液					
77% NaOH 溶液					
40% NaOH 溶液					
磺胺醋酰					
磺胺醋酰钠					

1. 磺胺醋酰（SA）的制备
- 在装有搅拌器、温度计和回流冷凝管的三颈瓶中投入磺胺（SN）17.2 g 及 22.5% NaOH 溶液 22 mL。
- 开动搅拌，把反应瓶放在水浴中加热至 50℃ 左右（反应液温度）。
- 物料完全溶解后，滴加乙酸酐 3.6 mL，5 min 后滴加 77% 的 NaOH 溶液 2.5 mL，并保持反应液 pH 值在 12 左右。随后每隔 5 min 交替滴加乙酸酐和 77% 的 NaOH 溶液，滴加时从瓶口中滴入，不要流到瓶壁上。每次各 2 mL，要交替滴加 5 次。加料期间反应温度维持在 50~55℃ 及 pH 12~13。

- 加料完毕后，继续保温搅拌，反应 30 min。
- 将反应液转入 100 mL 烧杯中，加水 20 mL 稀释。用浓盐酸调 pH 到 7，一点一点滴加浓盐酸，然后在冰浴中放置 30～40 min，冷却析出固体。抽滤固体，用适量冰水洗涤。洗液与滤液合并后用浓盐酸调 pH 至 4～5，析出磺胺醋酰（SA）和磺胺双醋酰（ASA）。滤取沉淀，压干，称重。沉淀用过量 10%盐酸溶解，至 pH 约为 1，放置 10 min，然后抽滤除去不溶物，此不溶物为 ASA，取滤液。
- 滤液加适量活性炭脱色后，用 40%的 NaOH 溶液调 pH 至 5，析出磺胺醋酰，然后抽滤。

2. 磺胺醋酰钠的制备

- 将以上所得磺胺醋酰投入 50 mL 烧杯中，于水浴上加热至 90℃，用大烧杯套小烧杯，两个烧杯中加水，小烧杯中放很少的水，约 0.5 mL，加热至 90℃，两个烧杯之间放温度计，来测量水温，滴加 20% NaOH 溶液至恰好溶解，溶液 pH 为 7，此时碱性不能太强，否则酰胺键会断开。若有不溶物则需趁热抽滤，然后滤液转至小烧杯中析晶；若无不溶物，则放置冷却析出晶体，抽滤，干燥得到钠盐。

【注意事项】

- 本实验中使用 NaOH 溶液有多种不同的浓度，切勿用错，否则会导致实验失败。
- 滴加乙酸酐和 NaOH 溶液是交替进行，每滴完一种溶液后，让其反应 5 min 后，再滴入另一种溶液。滴加溶液是用玻璃吸管加入，滴加速度以液滴一滴一滴地滴下为宜。
- 反应中保持反应液 pH 在 12 左右很重要，否则收率将会降低。
- 在 pH7 时析出的固体不是产物，应弃去。在 pH4～5 时析出的固体是产物。
- 在本实验中，溶液 pH 的调节是反应能否成功的关键，应小心注意。
- 成盐时加入水的量应使磺胺醋酰略湿即可。加水 0.5 mL 较难掌握，可适当多加入一些，再蒸发去一些水分；若趁热过滤，漏斗应先预热。若滤液放置后，较难析出晶体，可略加热，使其挥发去一些水分，再放冷析晶。

【思考题】

- 磺胺类药物有哪些理化性质？在本实验中，是如何利用这些性质进行产品纯化的？
- 反应液处理时，pH7 时析出的固体是什么？pH5 时析出的固体是什么？在 10%盐酸中不溶物是什么？为什么？
- 反应过程中，调节 pH12～13 是非常重要的。若碱性过强，其结果是磺胺较多，磺胺醋酰次之，磺胺双醋酰较少；碱性过弱，其结果是磺胺双醋酰较多，磺胺醋酰次之，磺胺较少，为什么？

实验七　磺胺嘧啶银与磺胺嘧啶锌的合成

磺胺嘧啶银为用于烧伤创面的磺胺类药物，对绿脓杆菌有强的抑制作用，其特点是保持了磺胺嘧啶与硝酸银二者的抗菌作用。除用于治疗烧伤创面感染和控制感染外，还可使创面干燥、结痂，促进愈合。但磺胺嘧啶银成本较高，且易氧化变质，故制成磺胺嘧啶锌，以代替磺胺嘧啶银。其化学名分别为 N-2-嘧啶基-4-氨基苯磺酰胺银盐（SD-Ag）、双（N-2-嘧啶基-4-氨基苯磺酰胺）锌盐（SD-Zn），化学结构式分别为

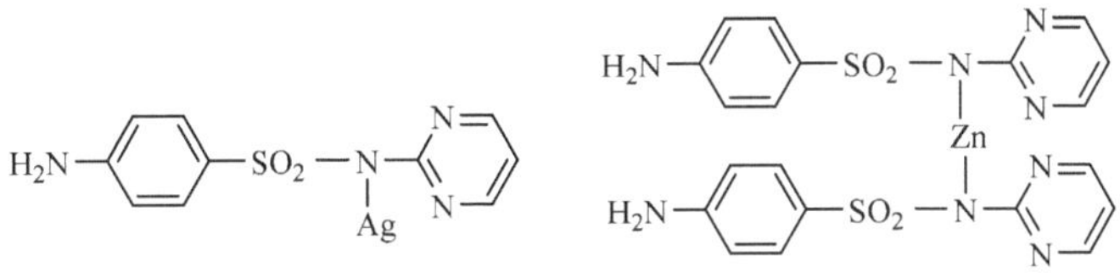

SD-Ag　　　　SD-Zn

磺胺嘧啶银为白色或类白色结晶性粉末，遇光或热易变质，在水、乙醇、氯仿或乙醚中均不溶。磺胺嘧啶锌为白色或类白色粉末，在水、乙醇、氯仿或乙醚中均不溶。

合成路线如下：

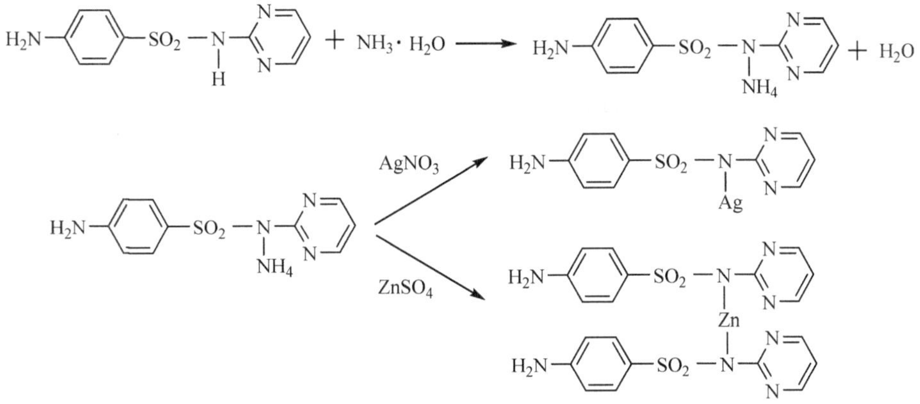

【实验要求】

- 了解成盐在药物结构修饰中的应用。

【实验技能】

- 成盐反应
- 抽滤

【主要实验仪器及装置】

- 烧杯
- 抽滤瓶及布氏漏斗

【实验要点】

- 实验前后，进行必要的计算并填写下表。

名称	分子量	密度	熔点（沸点）	质量（体积）	摩尔数
磺胺嘧啶					
氨水					
硝酸银					
硫酸锌					
磺胺嘧啶锌					
磺胺嘧啶银					

1. 磺胺嘧啶银的制备
- 取磺胺嘧啶 5 g，置于 50 mL 烧杯中，加入 10% 氨水 20 mL 溶解。
- 称取硝酸银 3.4 g 置于 50 mL 烧杯中，加 10 mL 氨水溶解，搅拌下，将硝酸银-氨水溶液倾入磺胺嘧啶-氨水溶液中。
- 反应片刻析出白色沉淀，抽滤，用蒸馏水洗至无 Ag^+ 反应，得本品。干燥，称重，计算收率。

2. 磺胺嘧啶锌的制备
- 取磺胺嘧啶 5 g，置于 100 mL 烧杯中，加入稀氨水（4 mL 浓氨水加入 25 mL 水），如有不溶的磺胺嘧啶，可补加少量浓氨水（约 1 mL）使磺胺嘧啶全溶。
- 另称取硫酸锌 3 g，溶于 25 mL 水中，在搅拌下倾入上述磺胺嘧啶-氨水溶液中，搅拌片刻析出沉淀，继续搅拌 5 min。
- 过滤，用蒸馏水洗至无硫酸根离子反应（用 0.1 mol/L 氯化钡溶液检查），干燥，称重，计算收率。

【注意事项】
- 合成磺胺嘧啶银时，所有仪器均需用蒸馏水洗净。

【思考题】
- SD-Ag 及 SD-Zn 的合成为什么都要先制成铵盐？
- 比较 SD-Ag 和 SD-Zn 的合成及临床应用方面的优缺点。

实验八 尼群地平的合成

尼群地平，别名硝苯甲乙吡啶，为钙通道阻滞药，1985 年于德国首次上市，为第二代二氢吡啶类钙拮抗剂，阻滞血管平滑肌上的电压依赖性钙通道，具有很强的扩血管作用，用于治疗高血压、充血性心力衰竭，还可用于伴有心绞痛的高血压。其化学结构中含有一个手性碳原子，临床使用品为外消旋体。尼群地平化学名称为 2,6-二甲基-4-（3-硝基苯基）-1,4-二氢-3,5-吡啶二甲酸甲乙酯。尼群地平的分子式 $C_{18}H_{20}N_2O_6$，化学结构式为

本品为黄色结晶或结晶性粉末，无臭无味，对光和热比较敏感，易氧化为吡啶化合物，因此应尽量避光保存。本品熔点 156~159℃，可溶于丙酮或氯仿，微溶于甲醇或乙醇，几乎不溶于水。

合成路线如下：

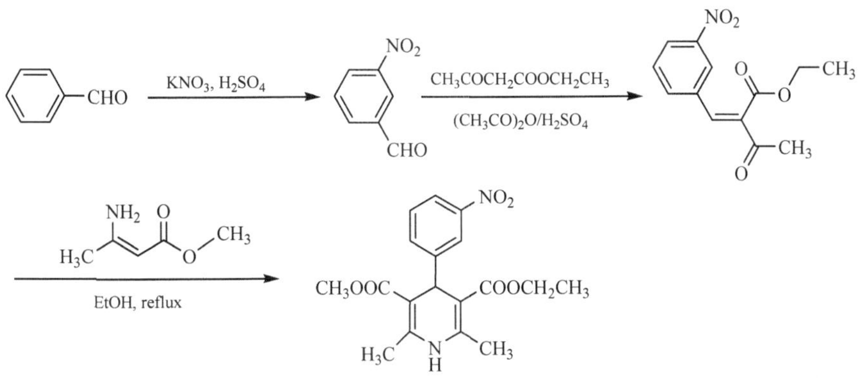

【实验要求】

- 掌握尼群地平的制备方法。
- 了解硝化反应、Knoevenagel 缩合反应、Michael 加成反应的原理。

【实验技能】

- 硝化反应
- Knoevenagel 缩合反应
- Michael 加成反应
- 回流
- 重结晶
- 抽滤
- 熔点测定

【主要实验仪器及装置】

- 搅拌回流装置
- 低温浴
- 三口瓶
- 圆底烧瓶
- 球形冷凝管
- 滴液漏斗
- 抽滤瓶及布氏漏斗
- 熔点测定仪

【实验要点】

- 实验前后，进行必要的计算并填写下表。

名称	分子量	密度	熔点（沸点）	质量（体积）	摩尔数
乙酰乙酸甲酯					
碳酸氢铵					
乙醇					
β-氨基巴豆酸甲酯					

名称	分子量	密度	熔点（沸点）	质量（体积）	摩尔数
苯甲醛					
硝酸钾					
浓硫酸					
碳酸钠					
间硝基苯甲醛					
乙酰乙酸乙酯					
乙酸酐					
3-硝基亚苄基乙酰乙酸乙酯					
盐酸					
尼群地平					

1. β-氨基巴豆酸甲酯的合成

● 向装有搅拌器和回流冷凝管的 50 mL 圆底烧瓶中，加入 5.5 mL 乙酰乙酸甲酯和 8.1 g 碳酸氢铵。

● 搅拌反应混合物，加热至约 35℃，并在该温度下保温反应约 12 h，直至混合物完全固化。

● 把生成的固体用水洗涤至中性，然后用 95%乙醇（10 mL×3）洗涤并干燥，得到白色固体。计算收率并测定熔点（82~83℃）。

2. 间硝基苯甲醛的合成

● 将装有搅拌器、温度计、滴液漏斗和回流冷凝管的 250 mL 三口瓶置于冰盐浴中，依次加入 11.1 g 硝酸钾和 40 mL 浓硫酸。

● 把混合物温度冷却至 0℃，在剧烈搅拌下缓慢滴加 10.4 mL 苯甲醛，控制反应温度不超过 5℃。

● 加完苯甲醛后，在室温下继续搅拌反应 1.5 h。

● 将混合物搅拌下缓慢倾入含 150 g 带少量水的碎冰的烧杯中，析出黄色沉淀。

● 抽滤，固体先后用 20 mL 的 5%碳酸钠溶液和 40 mL 冰水洗涤，得到粗产物。该产物可用苯或石油醚重结晶进行纯化。计算收率并测定熔点（56~58℃）。

3. 3-硝基亚苄基乙酰乙酸乙酯的合成

● 向装有搅拌器、温度计和恒压滴液漏斗的 50 mL 三口瓶中，依次加入 9.7 mL 乙酰乙酸乙酯和 4.8 mL 乙酸酐。

● 将混合物用冰浴或冰盐浴冷却至 0℃后，搅拌下缓慢滴加 0.7 mL 浓硫酸。

● 10 min 后，分 5~10 次加入 7.6 g 间硝基苯甲醛，其间保持反应温度不超过 5℃。

● 加毕，自然升温至室温。反应混合物变为透明然后逐渐变得黏稠。在室温下继续搅拌 1 h，之后加入 10 mL 95%乙醇溶液。然后伴随搅拌下于 10 min 内冷却至 0~5℃，并保温反应 0.5 h。

● 抽滤，所得滤饼用冰冷的 95%乙醇溶液洗涤 2 次（每次约 3 mL），再用冰水洗涤 pH 至 6。自然晾干，得到灰白色固体。计算收率并测定熔点（107~109℃）。

4. 尼群地平的合成

- 向装有回流冷凝管和温度计的 50 mL 三口瓶中，依次加入 5.3 g 3-硝基亚苄基乙酰乙酸乙酯、2.8 g β-氨基巴豆酸甲酯、18 mL 无水乙醇。
- 把反应混合物加热至回流反应 1 h。
- 加入 0.4 mL 浓硫酸，继续加热至回流反应 0.5 h。
- 稍冷，然后滴加 10 mL 水。缓慢冷至室温，于 0~5℃放置 2 h 析晶。
- 抽滤，沉淀用冰冷的 50%乙醇溶液洗涤 3~5 次，并真空干燥，得到浅黄色晶体。计算收率并测定熔点（157~159℃）。

【注意事项】

- 碳酸氢铵在 35℃以上开始分解，产生氨气和水。如果温度过低，反应较慢，而如果温度过高，由于碳酸氢铵分解，将导致收率降低。
- 苯甲醛使用前应重蒸。
- 3-硝基亚苄基乙酰乙酸乙酯和尼群地平的合成反应中，水会影响反应的进行，所有仪器在使用前应干燥。

【思考题】

- 在 3-硝基亚苄基乙酰乙酸乙酯的合成过程中，加入乙酸酐和浓硫酸的目的是什么？能用别的试剂替代它们吗？
- Michael 加成反应的原理是什么？

实验九 硝苯地平的合成

硝苯地平属于二氢吡啶类钙离子拮抗剂，可以使血管平滑肌扩张，血压下降。所以，临床上可用来当作降压药使用，适用于冠状动脉痉挛、高血压、心肌梗死等症。其化学名为 2,6-二甲基-4-（2-硝基苯基）-1,4-二氢-3,5-吡啶二甲酸二甲酯。硝苯地平的分子式 $C_{17}H_{18}N_2O_6$，化学结构式为

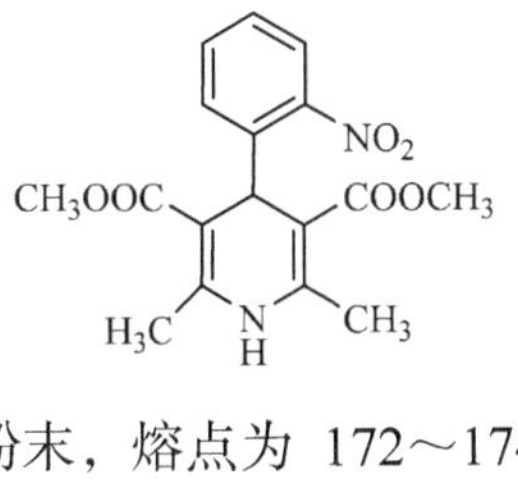

本品为黄色针状结晶或结晶性粉末，熔点为 172~174℃，无吸湿性，极易溶于丙酮、二氯甲烷、氯仿，溶于乙酸乙酯，微溶于甲醇、乙醇，几乎不溶于水。

合成方法如下：

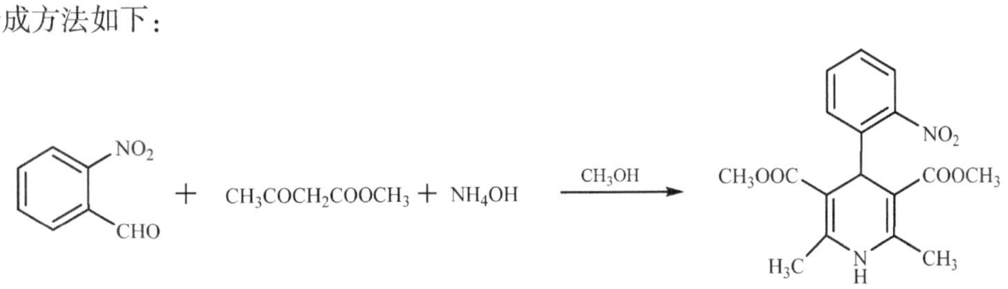

【实验要求】
- 了解二氢吡啶类化合物的合成方法。
- 掌握环合反应的种类、特点及操作条件。

【实验技能】
- 回流
- 减压蒸馏
- 抽滤
- 重结晶
- 熔点测定

【主要实验仪器及装置】
- 回流装置
- 圆底烧瓶
- 球形冷凝管
- 减压蒸馏装置
- 抽滤瓶及布氏漏斗
- 熔点测定仪

【实验要点】
- 实验前后，进行必要的计算并填写下表。

名称	分子量	密度	熔点（沸点）	质量（体积）	摩尔数
邻硝基苯甲醛					
乙酰乙酸甲酯					
氨水					
甲醇					
乙醇					
硝苯地平					

- 在装有球形冷凝管的 100 mL 圆底烧瓶中，依次加入邻硝基苯甲醛 7.7 g、乙酰乙酸甲酯 12.9 mL（13.9 g）、甲醇 13mL，氨水（25%～28%）5.5 mL，在搅拌下缓慢加热 0.5 h 后回流反应 3～4 h。
- 冷却，减压蒸出甲醇，有黄色结晶析出。
- 抽滤，结晶用 20 mL 乙醇洗涤，压干，得黄色结晶性粉末，干燥，称重，计算收率。
- 粗品以 95% 乙醇（5 mL/g）重结晶，干燥，测熔点，称重，计算收率。

【注意事项】
- 反应温度不能太高，以免生成副产物。
- 反应开始时，应缓慢加热，避免大量氨气逸出。

【思考题】
- 二氢吡啶类化合物的合成方法是什么？

实验十　盐酸普鲁卡因的合成

盐酸普鲁卡因为局部麻醉药，作用强，毒性低。临床上主要用于浸润、脊椎及神经传导麻醉。盐酸普鲁卡因的化学名为对氨基苯甲酸-2-二乙胺基乙酯盐酸盐。盐酸普鲁卡因的分子式 $C_{13}H_{21}ClN_2O_2$，化学结构式为

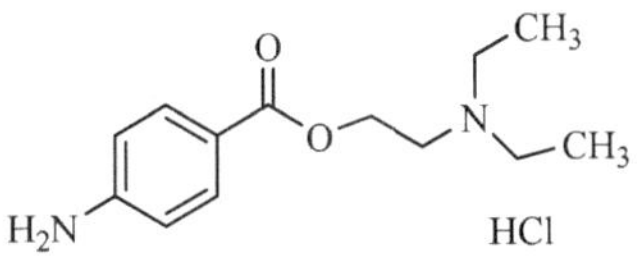

盐酸普鲁卡因为白色细微针状结晶或结晶性粉末，无臭，味微苦而麻，易溶于水，可溶于乙醇，微溶于氯仿，几乎不溶于乙醚。熔点为 153～157℃。

合成路线如下：

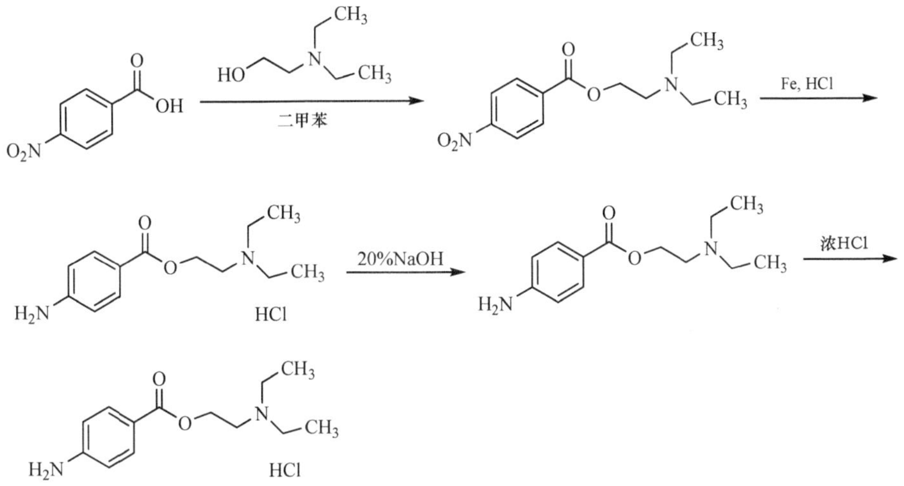

【实验要求】
- 学习酯化、还原等反应，掌握盐酸普鲁卡因的合成方法。
- 掌握利用水和二甲苯共沸脱水进行羧酸酯化的原理和操作。
- 掌握使用铁粉还原硝基制备氨基的反应原理及操作，以及用硫化钠除铁、用盐酸除去硫的原理及操作。
- 掌握水溶性大的盐类用盐析法进行分离及精制的方法。

【实验技能】
- 油浴的使用
- 仪器的干燥
- 回流
- 共沸脱水
- 萃取

- 抽滤
- 重结晶及脱色操作
- 熔点测定

【主要实验仪器及装置】

- 油浴
- 三颈瓶
- 球形冷凝管
- 分水装置
- 分液漏斗
- 抽滤瓶及布氏漏斗
- 熔点测定仪

【实验要点】

- 实验前后，进行必要的计算并填写下表。

名称	分子量	密度	熔点（沸点）	质量（体积）	摩尔数
对硝基苯甲酸					
2-二乙胺基乙醇					
二甲苯					
NaOH					
盐酸					
硝基卡因					
铁粉					
硫化钠					
乙醇					
保险粉					
盐酸普鲁卡因					

1. 对硝基苯甲酸-2-二乙胺基乙醇（硝基卡因）的制备

- 在装有温度计、分水器及回流冷凝管的 500 mL 三颈瓶中，投入对硝基苯甲酸 20 g、2-二乙胺基乙醇 14.7 g、二甲苯 150 mL 及沸石，油浴加热至回流（注意控制温度，油浴温度约为 180℃，内温约为 145℃），共沸带水 6 h。
- 撤去油浴，稍冷，将反应液倒入 250 mL 锥形瓶中，放置冷却，析出固体。
- 将上清液用倾泻法转移至减压蒸馏烧瓶中，水泵减压蒸除二甲苯，残留物以 3%盐酸 140 mL 溶解，并与锥形瓶中的固体合并，过滤，除去未反应的对硝基苯甲酸，滤液（含硝基卡因）备用。

2. 对氨基苯甲酸-2-二乙胺基乙酯（普鲁卡因）的制备

- 将上一步操作得到的滤液转移至装有搅拌器、温度计的 500 mL 三颈瓶中，搅拌下用 20% NaOH 调 pH 4.0～4.2。

- 在充分搅拌下，于 25℃ 分次加入经活化的铁粉，反应温度自动上升，注意控制温度不超过 70℃（必要时可冷却），待铁粉加毕，于 40~45℃ 保温反应 2 h。
- 抽滤，滤渣以少量水洗涤两次，滤液以稀盐酸酸化至 pH 5。
- 滴加饱和硫化钠溶液调 pH 7.8~8.0，沉淀反应液中的铁盐，抽滤，滤渣以少量水洗涤两次，滤液用稀盐酸酸化至 pH 6。
- 加少量活性炭，于 50~60℃ 保温反应 10 min，抽滤，滤渣用少量水洗涤一次，将滤液冷却至 10℃ 以下，用 20% NaOH 碱化至普鲁卡因全部析出（pH 9.5~10.5），过滤，得普鲁卡因，备用。

3. 盐酸普鲁卡因的制备

- 将上步所得普鲁卡因置于烧杯中，慢慢滴加浓盐酸至 pH 5.5，加热至 60℃，加精制食盐至饱和，升温至 60℃，加入适量保险粉，再加热至 65~70℃，趁热过滤，滤液冷却结晶，待冷至 10℃ 以下过滤，即得盐酸普鲁卡因粗品。

4. 盐酸普鲁卡因的精制

- 将盐酸普鲁卡因粗品置烧杯中，滴加蒸馏水至维持在 70℃ 时恰好溶解。
- 加入适量的保险粉（连二亚硫酸钠），于 70℃ 保温反应 10 min，趁热过滤，滤液自然冷却，当有结晶析出时，再用冰浴冷却，使结晶析出完全。
- 过滤，滤饼用少量冷乙醇洗涤两次，干燥，得盐酸普鲁卡因，以对硝基苯甲酸计算总收率。

【注意事项】

- 羧酸和醇的酯化反应是一个可逆反应。该反应中通过形成二甲苯和水的共沸物并不断除去生成的水，从而打破平衡，使酯化反应趋于完全。由于水的存在会对反应产生不利影响，故实验中所使用的试剂和仪器应预先干燥。
- 普鲁卡因的合成反应为放热反应，铁粉应分次加入，以免反应过于激烈。铁粉加完后在 45℃ 下进行保温反应，其间铁粉转化为绿色的 $Fe(OH)_2$ 沉淀，接着变成棕色的 $Fe(OH)_3$，然后转变成棕黑色的 Fe_3O_4。因此，反应过程应经历绿色、棕色，然后棕黑色的颜色变化。若不转变为棕黑色，可能反应尚未完全，此时可补加适量铁粉并使反应继续延长一段时间。
- 因溶液中有用于除铁的过量的硫化钠存在，加入稀盐酸时可形成胶体硫。加活性炭后过滤，便可使其去除。
- 成盐时 pH 应严格控制在 5.5，避免芳胺成盐。
- 盐酸普鲁卡因是水溶性的，精制所用仪器在使用前必须干燥，用水量需严格控制，否则影响收率。
- 保险粉为强还原剂，可防止芳胺氧化和除去有色杂质，以保证产品色泽洁白。若用量过多，则成品含硫量不合格。

【思考题】

- 在盐酸普鲁卡因的制备中，为何用对硝基苯甲酸为原料先酯化，然后再进行还原，能否反之，先还原后酯化？为什么？
- 酯化反应中，为何加入二甲苯做溶剂？
- 酯化反应结束后，放冷除去的固体是什么？为什么要除去？
- 在铁粉还原过程中，为什么会发生颜色变化？说出其反应机制。

- 为什么在盐酸普鲁卡因精制时要加入保险粉？

实验十一　巴柳氮钠的合成

巴柳氮钠是 Astra 公司于 1997 年上市的一种新型 5-氨基水杨酸前药，商品名为 Colazide，可用于轻至中度活动性溃疡性结肠炎、直肠炎和克罗恩病的治疗，具有起效快、疗效好、耐受性好、副作用小等特点，是目前较为理想的抗溃疡性结肠炎药物。巴柳氮钠的化学名为 (E)-5-4-(2-羧乙基)氨基-羰基-苯基偶氮基-2-羟基苯甲酸二钠盐二水合物。其分子式 $C_{17}H_{13}N_3O_6Na_2 \cdot 2H_2O$，化学结构式为

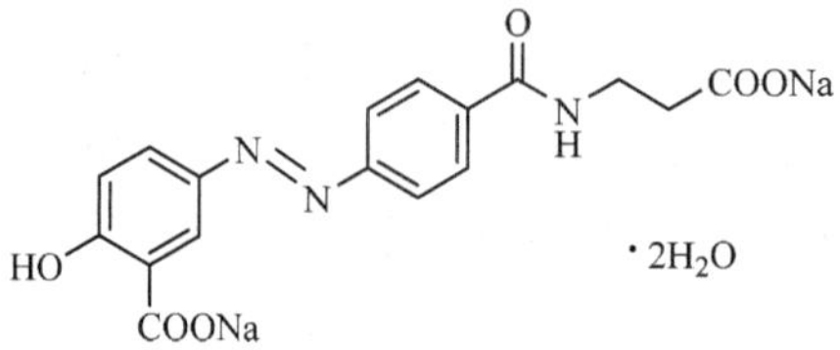

巴柳氮钠是以对硝基苯甲酰氯为原料进行合成的。对硝基苯甲酰氯经过与 β-丙氨酸缩合、还原、重氮化、偶合、成盐等五步反应制得巴柳氮钠。合成路线如下：

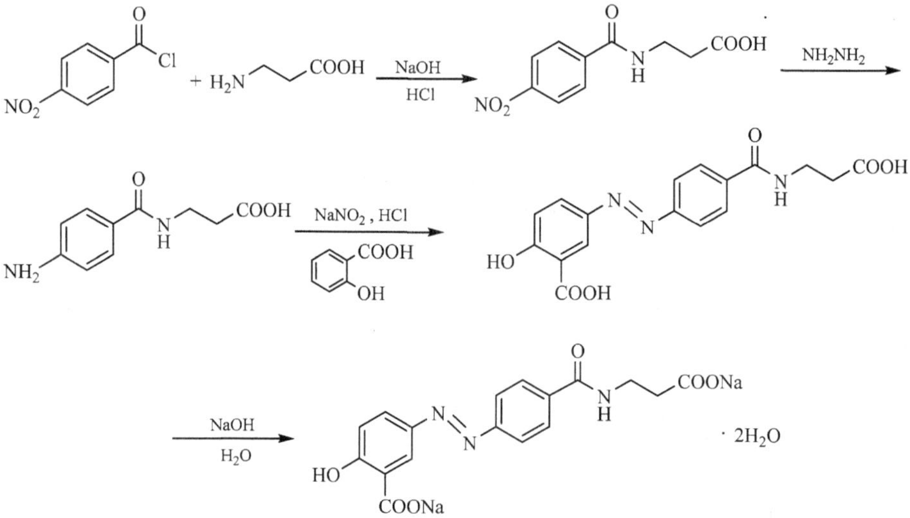

【实验要求】
- 掌握巴柳氮钠的合成方法。
- 掌握利用薄层色谱监测反应进度的方法。

【实验技能】
- 低温浴
- 薄层色谱
- 回流
- 减压蒸馏
- 抽滤
- 熔点测定

【主要实验仪器及装置】
- 圆底烧瓶
- 球形冷凝管
- 两口瓶
- 抽滤瓶及布氏漏斗
- 熔点测定仪

【实验要点】
- 实验前后,进行必要的计算并填写下表。

名称	分子量	密度	熔点(沸点)	质量(体积)	摩尔数
β-丙氨酸					
对硝基苯甲酰氯					
NaOH					
盐酸					
N-4-硝基苯甲酰-β-丙氨酸					
三氯化铁					
乙醇					
水合肼					
N-4-氨基苯甲酰-β-丙氨酸					
亚硝酸钠					
水杨酸					
无水碳酸钠					
巴柳氮钠					

1. N-4-硝基苯甲酰-β-丙氨酸的合成
- 在 50 mL 圆底瓶中加入 0.67 g β-丙氨酸、7 mL 水及 0.30 g NaOH,搅拌溶解。
- 冷却至 0℃后加入对硝基苯甲酰氯 1.49 g,控温在 0℃左右反应 2 h 以上。
- 反应过程中 TLC 监测并滴加 5 mol/L NaOH 溶液维持 pH 8～9。(展开剂为 DCM:CH$_3$OH=20:1,滴加 2～3 滴 HAC)。
- 反应完全后用稀 HCl 调 pH 至 4.0,有白色固体析出。过滤,水洗,滤饼于室温放置,干燥,计算收率。

2. N-4-氨基苯甲酰-β-丙氨酸的合成
- 在 100 mL 两口瓶中加入 1.19 g N-4-硝基苯甲酰-β-丙氨酸、45 mg 三氯化铁、200 mg 活性炭、20 mL 无水乙醇和 1.5 mL 水合肼,加热搅拌回流反应约 3 h。
- 用 TLC 于 2 h,2.5 h 和 3 h 监测反应进度(展开剂同上)。
- 反应完全后滤除活性炭,减压蒸馏除去溶剂(若仍然有水,可再加少量乙醇带水),得到淡黄色油状混合物(含杂质),称重,计算粗收率。

3. 巴柳氮的合成
- 在 100 mL 圆底烧瓶中加入 0.62 g N-4-氨基苯甲酰-β-丙氨酸，0.75 mL 浓盐酸及 5 mL 水，搅拌溶解。
- 反应液冷却至 0℃，滴加亚硝酸钠 0.21 g 水溶液 7 mL，温度保持在 3℃以下，滴加后继续反应 1 h，得重氮盐溶液。
- 在另一个圆底烧瓶中依次加入 0.43 g 水杨酸，0.25 g NaOH，0.50 g 无水碳酸钠和 5mL 水，搅拌溶解。
- 在冰水浴条件下滴加上述重氮盐溶液，用 5 mol/L NaOH 溶液保持 pH 8，冰水浴反应 2 h 后，倒入 5 mL 冰水中，滴加浓盐酸调 pH 2～3，析出浅砖红色固体，抽滤，水洗，干燥后称重并计算收率。

4. 巴柳氮钠的制备
- 在室温搅拌下向上一步所得巴柳氮酸中滴加 95%乙醇至刚好溶解。
- 滴加溶于乙醇的饱和 NaOH 溶液至 pH 8 左右，继续反应 0.5 h。
- 过滤，干燥，得浅砖红色固体，称重，计算收率。

【注意事项】
- 形成重氮盐反应过程中应注意保持温度。
- 注意观察用薄层色谱监测反应的现象。

【思考题】
- 利用薄层色谱监测化学反应进度的原理是什么？

实验十二　苦杏仁酸的合成

苦杏仁酸又名扁桃酸，可作医药抗菌剂，用于消毒，也是通用试剂，用于有机合成。苦杏仁酸的化学名为 α-羟基苯乙酸，分子式 $C_8H_8O_3$，化学结构式为

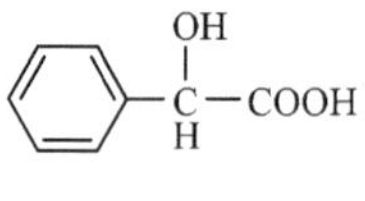

本品在常温下为无色透明斜方片状晶体，或无色片状或颗粒状固体，有微臭，易溶于热水、乙醚和异丙醇，不溶于乙醇，熔点为 120～122℃。

苦杏仁酸的合成是利用氯化三乙基苄基铵作为相转移催化剂，将苯甲醛、氯仿和 NaOH 在同一反应器中进行混合，通过卡宾加成反应直接生成目标产物。合成路线如下：

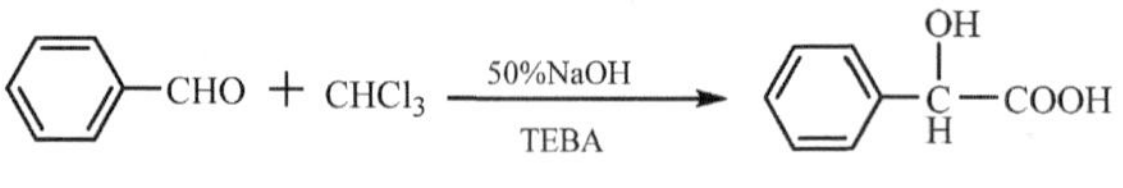

【实验要求】
- 掌握苦杏仁酸的制备原理和方法。
- 了解相转移催化合成的基本原理和技术。
- 巩固萃取及重结晶等实验操作技术。

【实验技能】
- 相转移催化
- 萃取
- 蒸馏
- 重结晶
- 抽滤
- 熔点测定

【主要实验仪器及装置】
- 三颈瓶
- 球形冷凝管
- 滴液漏斗
- 分液漏斗
- 抽滤瓶及布氏漏斗
- 熔点测定仪

【实验要点】
- 实验前后，进行必要的计算并填写下表。

名称	分子量	密度	熔点（沸点）	质量（体积）	摩尔数
苯甲醛					
氯仿					
氯化三乙基苄基铵					
乙醚					
硫酸					
NaOH					
无水硫酸钠					
苦杏仁酸					

- 在装有搅拌器、滴液漏斗、温度计和球形冷凝管的 100 mL 三颈瓶中加入 10.6 g 苯甲醛、1.3 g 氯化三乙基苄基铵和 16 mL 氯仿。
- 开始搅拌并缓慢加热，待温度升到 55~65℃时，缓慢滴入 50% NaOH 溶液 25 mL，控制滴加速度，维持反应温度在 55~65℃之间，继续搅拌反应 1 h。
- 当反应混合物冷至室温后，停止搅拌，倒入 200 mL 水中，用乙醚萃取 2 次，每次 20 mL，除掉未反应的氯仿等有机物，此时水层为亮黄色透明状。
- 水层用 50%硫酸酸化至 pH 1~2，再用乙醚萃取 4 次，每次 20 mL，合并乙醚萃取液，用无水硫酸钠干燥，在常压下将乙醚蒸去，得粗品产物。
- 将粗品用 1g∶1.5 mL 的比例用甲苯重结晶，将纯品称量，计算产率，测定熔点。

【注意事项】
- 苯甲醛若放置过久，使用前先重蒸。
- 严格控制 NaOH 的滴加速度和反应温度。
- 酸化时应保证水层呈强酸性。

【思考题】
- 在反应完毕后，用乙醚萃取反应混合物 6 次，前 2 次和后 4 次的作用分别是什么？
- 用无水氯化钙代替无水硫酸钠进行干燥行不行？